Il manque les pages
291 et 292,
demandé le 27/10/79

RÉFLEXIONS
SUR
LES GRANDS
HOMMES
QUI SONT MORTS
EN PLAISANTANT.

NOUVELLE ÉDITION

Augmentée d'Epitaphes & autres Pièces curieuses qui n'ont point encore parues.

PAR M. DESLANDES.

A AMSTERDAM.

M. D. CC. LXXVI.

PRÉFACE.

IL est difficile de déterminer au juste le goût qui règne aujourd'hui dans le monde. Quelque bizarre qu'il soit, un Auteur est obligé de s'y conformer, quand il veut plaire au Public. On est déja las des Livres écrits dans le style de Monsieur de la Rochefoucault, ou de Monsieur de la Bruyere; je veux dire, de ceux qui ne contiennent que des maximes détachées ou des réflexions morales. Les Ouvrages de galanterie, & en général toutes les Histoires qui ont l'air de Roman, n'ont plus de cours; on commence à préférer la vérité aux vraisemblances les plus flatteuses, & les plus agréables.

Je sais que l'étude de la Philosophie est maintenant fort à la mode. Tous ceux qui combattent nos préjugés, ou qui éclaircissent une matière abstraite, sont bien reçus, du moins par les Lecteurs intelligens. Les plus beaux efforts de l'esprit humain sont ceux qui tendent à perfectionner notre raison. Pour moi, je me suis senti trop foible à la vue d'un travail si considérable, & j'ai tâché de mériter par une autre voie, l'approbation du monde savant. On ne dédaigne pas aujourd'hui un heureux mélange d'érudition & de critique, pourvu que ce mêlange soit également éloigné de l'aridité des Compilateurs, & de l'affectation du Pédantisme. Voila le milieu que j'ai cru devoir tenir, pour donner à cet Ouvrage un air d'élégance & de vivacité.

On trouvera ici des endroits qui paroîtront peut-être chargés d'un trop grand nombre de citations : j'avoue que c'est un mal, mais un mal inévitable mérite d'être excusé. La nature du sujet a voulu que je me servisse du témoignage de plusieurs Auteurs anciens & modernes ; je leur ai fait parler leur langue naturelle, quand j'ai cru ne pouvoir conserver en François les graces & la beauté de l'original. L'Urbanité des Romains, & l'Atticifme des Grecs font des chofes qui s'altèrent facilement par une traduction : il faut être aussi sûr de son génie que l'étoit feu M. d'Ablancourt, pour entreprendre de naturalifer les Apophtegmes des Anciens.

Comme je n'ai pas travaillé à ce Livre dans le deffein de toujours badiner, ou de toujours parler férieufement, j'efpère qu'on y trouvera une affez grande variété. Oferai-je le dire, j'ai affecté un certain défordre dans l'arrangement des matières, afin de les rendre plus neuves & plus égayées. Une régularité trop fcrupuleufe déplaît & ennuie à la fin ; mais un peu d'em-

PRÉFACE. vij

barras étonne l'imagination, & l'invite à fixer sa légéreté naturelle. Il y a des points de vue qu'on ne cherche que pour trouver des objets, dont la diversité soit pleine de bizarreries; l'Art même vient souvent au secours de la nature, pour augmenter un si agréable désordre, & pour le faire mieux sentir.

Je crains maintenant qu'on ne s'imagine que cet Ouvrage a été composé loin de Paris, & dans des lieux où les bons Livres étoient rares & presque inconnus. Comment éloignerois-je ce soupçon ? Tite-Live, tout habile qu'il étoit, ne put se défaire de je ne sais quel air de rudesse, qu'il avoit contracté à Padoue. Il y a un certain goût de terroir qui se communique jusques aux écrits les plus étudiés.

> Grave virus
> Munditiæ pepulere : sed in longum tamen ævum
> Manserunt, hodieque manent vestigia ruris.

Horace qui parloit ainsi, savoit fort bien juger de ces matières contraintes & peu libres, qu'avoient ordinairement les Etrangers en arrivant à Rome. On ne doit plus s'étonner si je je n'ai pas employé ici certains faits qui auroient pu donner de l'éclat à cet Ouvrage. Ceux qui sont près des sources, & à portée de consulter les Bibliothéques, ne doivent point négliger jusqu'aux plus petites délicatesses. Il n'en est pas ainsi

PRÉFACE.

d'un Auteur qui est retiré dans un coin de Province : il ne trouve aucun sujet d'émulation, & il converse rarement avec des personnes d'esprit. Tout le monde n'a pas une mémoire aussi heureuse & aussi abondante que Jérôme Magius, qui étant destitué de toutes sortes de Livres, & détenu en prison par les Turcs, ne laissa pas de composer deux Traités, qui font encore aujourd'hui l'admiration des connoisseurs.

Il ne me reste plus qu'à parler dans cette Préface à une espèce de critique, dont l'esprit chagrin & difficile à contenter, s'effarouchera du titre de ce Livre. Pourquoi entretenir, diront-ils, le Public de bagatelles ? Pourquoi lui faire perdre un temps précieux? J'avoue que si l'on cherche des Ouvrages d'une profonde discussion, ou des Traités de morale, ce Recueil peut passer pour inutile ; mais, quoi! N'est-il pas permis de rire quelquefois & de badiner ? Doit-on toujours s'attacher à des pièces graves & sérieuses ? Monsieur de la Fontaine m'a fourni ce modèle d'excuse envers le Public, & il s'en est servi lui-même, en faisant imprimer ses Poésies, si belles & si originales. Dois-je me rassurer maintenant contre la malignité des Censeurs ? Non, je dois craindre plutôt qu'ils ne s'irritent de ce que j'ai répondu par avance à leurs objections.

TABLE DES CHAPITRES.

Réflexions sur les grands Hommes qui sont morts en plaisantant. A Mr. de la CH.... pag. 1

CHAPITRE I. *La mort est plus à à souhaiter qu'à craindre.* 5

CHAP. II. *Si la vue de la mort peut être un sujet de plaisir ?* 14

CHAP. III. *Idée générale d'une mort plaisante.* 22

CHAP. IV. *De l'indifférence que plusieurs Sçavans ont témoignée pour la mort.* 30

CHAP. V. *Remarques sur la mort de Démocrite, & sur celle de Pomponius Atticus.* 37

CHAP. VI. *Quel temps est le plus avantageux à l'Homme pour mourir.* 42

CHAP. VII. *Examen d'une pensée de Valere Maxime.* 49

Chap. VIII. *Remarques sur le caractère de l'Empereur Vespasien.* 53

Chap. IX. *Plaisanteries d'Auguste mourant, de Rabelais, &c.* 55

Chap. X. *Traduction d'un morceau considérable de Suétone.* 63

Chap. XI. *De quelques femmes qui sont mortes en plaisantant.* 67

Chap. XII. *Des dernières heures de Madame de Mazarin.* 74

Chap. XIII. *Additions à ce qui a été dit dans le IX & dans le XI Chapitre.* 80

Chap. XIV. *Remarques sur les dernières paroles d'Henri VIII, Roi d'Angleterre, du Comte de Grammont, &c.* 86

Chap. XV. *Additions à l'Histoire de l'Académie Françoise.* 91

Chap. XVI. *De la mort de Gassendi & du célèbre Hobbes.* 94

Chap. XVII. *Du caractère de l'Abbé Bourdelot.* 99

Chap. XVIII. *Remarques sur ceux qui ont composé des vers au lit de la mort.* 102

Chap. XIX. *Examen de quelques inscriptions assez curieuses.* 109

Chap. XX. *Des grands Hommes qui n'ont rien perdu de leur gaieté, lorsqu'on les menoit au supplice.* 112

Chap. XXI. *Extrait de quelques pensées de Montaigne.* 118

Chap. XXII. *S'il y a de la bravoure à se donner la mort.* 122

Chap. XXIII. *De quelques particularités qui concernent ce sujet.* 126

TABLE

DES

POÉSIES DIVERSES.

Chanson. Iris je ne puis m'en défendre. *pag.* 135

Le Pentagruélisme. 136

Chanson. Que Bacchus, &c. 137

A Mademoiselle de Brisambour. En me promenant ce matin. 138

A Madame de M***. Il est un fameux Monastère. 140

Contre quelques mauvais Poëtes. Obscure & vile Populace. 142

Sur la Prison du Roi de ***. Le grand Seigneur est bon Géolier. 143

DES POESIES DIVERSES.

A Madame la C. D. M. Se livrer aux tendres plaisirs. 144

Sur une Compagnie mal assortie. Dans une salle basse & fort mal éclairée. 146

Epitaphe de M. **** Ci-gît à la fleur de son âge. 147

Au R. P. S. Chantre fameux, qui sur les pas d'Horace. 148

Ode à Mr. D. *** sur la Retraite. 151

Prière d'une vieille Courtisanne, en consacrant à la Déesse Vénus son miroir. 155

A Mr. S. *** Médecin. Docteur fameux qui fais de la Sagesse. 156

A Mr. B ***. Toi qui par ta délicatesse. 159

Epitaphes, Epigrammes, & autres pièces plaisantes, page 165 jusques & compris la page 231.

Le Temple de la Mort. 232

xvj TABLE DES POESIES, &c.

Les Fruits du Mariage. Conte en profe, imité de Rabelais. 247

Poéfies de Monfieur de la Chapelle. 257 & fuiv.

Fin de la Table.

RÉFLEXIONS
SUR
LES GRANDS
HOMMES
QUI SONT MORTS
EN PLAISANTANT.

A Monſieur de la CH...

Vous ſavez, Monſieur, que cet Ouvrage n'eſt proprement qu'un extrait des longues & agréables converſations que nous avons eues enſemble à .... Tandis que nos amis communs s'occupoient au jeu ou à la chaſſe, notre unique plaiſir étoit de penſer à la mort. Il me ſemble que cela convient aſſez au Stoïciſme dont nous faiſons tous deux profeſſion. Si quelque critique y trouve à redire, je le renverrai à l'ingénieux Auteur *de la Pluralité des Mondes*. Une Dame ſe fait bien à la campagne un ſecret plaiſir d'étudier l'Aſtronomie, pourquoi craindrions-nous de paroître auſſi ſérieux qu'elle ? Notre ſérieux après tout peut paſſer pour une eſpèce de débauche, à l'égard de ceux qui aiment les débauches d'eſprit.

Vous vous ſouvenez que nos converſations rouloient preſque toujours ſur ceux qui ont plaiſanté à la vue de la mort, & qui ont, pour ainſi dire, badiné avec elle. Ces idées n'ont-elles pas un air gracieux & divertiſſant ? J'oſe vous dire outre cela qu'elles ſont toutes nouvelles. Ne *qui sont morts en plaisantant.* comptons point sur le bon *Ravisius Textor*, qui a compilé un catalogue (*) des grands Hommes qui sont morts de trop rire ; cet Auteur avoit peu de jugement, & ne se connoissoit pas en belle Littérature.

On m'a renvoyé en vain à l'*Historia Ludicra* de *Balthazar Bonifacius*, & aux Recueils de ceux qui ont écrit sous un titre presque semblable. Je n'y ai trouvé aucuns matériaux propres à cet Ouvrage, ce qui m'a fait d'autant plus de plaisir, que j'aurois été fâché de me parer des dépouilles d'autrui. Je veux seulement, Monsieur, vous faire part d'une chose que j'ai lue dans Montaigne, & qui marque son bon goût. Il souhaitoit devenir assez savant pour faire un Recueil des morts les plus éclatantes

---

(*) Voyez son *Officina* ou *Theatrum historicum*, lib. 2.

dont l'Histoire nous parle. Vous qui êtes son partisan, vous approuverez ce dessein que j'exécute en partie. En effet, le véritable point de vue où je placerois une personne qui veux bien juger du ridicule qui règne dans le monde, est le lit de la mort. C'est là qu'on se détrompe nécessairement des chimères & des sottises qui font l'occupation des hommes. Nous sommes tous fous ; la folie des uns est plus bouillante, & celle des autres plus tranquille. La mienne peut être est de vouloir composer, que sçais-je si celle du public ne sera point de me critiquer ? Au reste, Monsieur, je ne vous fatiguerai point ici par des complimens inutiles. Je hais trop ce langage ennuyeux que la flatterie a inventé, & je laisse le plaisir de vous estimer à ceux qui ont assez de délicatesse pour vous bien connoître.

CHAPITRE I.

La mort est plus à souhaiter qu'à craindre.

IL est certain que les douceurs de la vie n'égalent pas les amertumes dont elle est environnée. Pour un jour tranquille & serein, on en a quarante où la douleur & la tristesse se font vivement sentir. J'aurois du penchant à croire que l'Homme n'est point né pour être heureux. Si la jeunesse jouit de quelques agrémens, la Nature se dédommage avec usure sur la vieillesse, & elle fait payer bien cher un bonheur dont on ne connoît tout le prix que quand il est perdu. Que dis-je ! Le bel âge lui-même est un état duquel on devroit avoir honte. On est alors incapable de réflexions, on court après des plaisirs nuisibles, & la raison elle-même est obligée de céder. Si elle résiste quelque temps, on la brave, & on se met peu à peu en état de ne la plus craindre. C'est ce qui a fait dire à Madame Deshoulieres, dans un de ces momens où l'esprit est moins touché que le cœur,

Homme vante moins ta raison;
Vois l'inutilité de ce présent céleste,
Pour qui tu dois, dit-on, méprifer tout le reste.
Aussi foible que toi, dans ta jeune saison,
Elle est chancelante, imbécile.
Dans l'âge où tout t'appelle à des plaisirs divers,
Vile esclave des sens, elle t'est inutile :
Quand le sort t'a laissé compter cinquante hivers,
Elle n'est qu'en chagrins fertile ;
Et quand tu vieillis, tu la perds.

On ne peut trop étudier l'Homme dans ses différens âges. Quelle foule de passions ! Quelle suite de foiblesses & de bizarreries ! Il faut avoir un grand fonds d'amour-propre pour n'en être pas troublé. Je ne m'étonne plus que personne ne soit content de sa condition : comme il n'y en a aucune qui relève entièrement de la raison, il n'y a point aussi dans le monde de vrai bonheur. Quoiqu'on jouisse d'une santé parfaite, & qu'on nage au milieu des plaisirs, est-on à couvert de cette espèce d'inquiétude qui révolte la délicatesse ? La santé n'est proprement qu'un état d'indolence, elle ne réveille aucuns sentimens vifs, & laisse l'ame dans une oisiveté qui ôte le goût de la possession. Cela vient peut-être de ce qu'on est moins sensible à un avantage dont on jouit actuellement, qu'à celui qu'on attend avec impatience.

Je m'imagine avec plaisir qu'il y a dans l'univers une certaine quantité de bien & de mal, qui rend en un sens toutes les conditions égales. Si les Rois ont plus d'agremens que leurs Sujets, ils sont aussi plus vivement frappés des disgraces auxquelles un particulier n'est pas sensible. Qui étoit à Rome plus heureux que Cicéron ? Son éloquence l'avoit élevé aux premières places de la République, & l'éloquence étoit alors le comble de la perfection : cependant au milieu de l'estime du Sénat & des acclamations du peuple, il ne put se consoler de la mort de sa fille Tullie. *Non*, écrivoit-il à Atticus, *rien ne peut aujourd'hui me soulager, & je hais les Dieux qui m'ont jusqu'ici comblé de trop de biens.* Si l'on pouvoit peser vingt commodités ensemble & une incommodité, on verroit souvent que cette dernière emporte la balance.

La condition d'autrui paroît plus agréable que la nôtre, parce qu'elle nous est moins connue. Elle ressemble à ces figures d'Optique, qui de loin représentent une Ville ou une maison, & qui de près ne font qu'un amas de traits grossiers & confus. Tout le monde sait avec quelle finesse Horace (*) a traité ce triste sujet. L'état du monde le plus charmant n'empêche pas les Reines d'envier quelquefois le sort des Bergères, telles par exemple, qu'on les a dépeintes dans l'Astrée. Elles ne cherchent en amour qu'à satisfaire le penchant secret de leur cœur; au lieu qu'une Princesse est souvent une victime qu'on sacrifie à l'ambition, ou à d'autres raisons politiques. Voilà ce que produit ce faux point d'honneur dont nous nous sommes follement rendus les esclaves.

Pour ce qui est des Savans, on sait qu'ils sont en possession de se brouiller avec la fortune. Diogene renaît dans tous les siécles, & son tonneau n'est

---

(*) Voyez la I Satyre du 1 Liv.

que trop souvent l'appanage du bel esprit. Il y a là dedans je ne sais quelle fatalité, dont on n'oseroit se plaindre : car les disgraces donnent un air de vivacité qui manque aux personnes trop heureuses. Les Muses, par exemple, ne sont jamais plus éloquentes que quand elles sont chagrines. Dût-on m'accuser de malignité, je préfère Ovide exilé à Ovide galant, & je pourrois en quelque chose ressembler à l'Empereur Caligula, qui voyant fouetter un Comédien, trouva sa voix si harmonieuse, qu'il fit durer le supplice pour faire durer son plaisir. Je n'entreprendrai point ici de tracer l'histoire de tous les Savans qui se sont plaints de leur mauvaise destinée : il suffit d'avertir les curieux que *Pierius Valerianus*, & *Thomas Spizelius*, l'un en Italie, & l'autre en Allemagne, ont fort bien écrit sur le malheur des gens de Lettres.

Puisqu'il n'y a point dans le monde de condition heureuse, on doit aisément se dégoûter de la vie. Elle est assez méprisable d'elle-même, mais sur-tout elle paroît telle à ceux qui ont quelque discernement. La Mothe le Vayer a joué un beau rôle en France, rien ne lui manquoit, soit du côté de l'esprit, soit du côté de la fortune. Cependant il étoit tellement fatigué de la condition humaine, qu'il auroit été fâché de recommencer la carrière qu'il venoit de courir. *Je ne changerois pas*, dit-il dans une de ses Lettres, *les trois jours calamiteux qui me restent dans un âge aussi avancé qu'est le mien, contre les longues années que se promettent une infinité de jeunes gens dont je connois tous les divertissemens*. En effet, nous devons nous regarder comme étant sur un grand théâtre, & ayant quelque part à la Comédie qui se joue dans le monde. Le rôle des uns est plus long, ou plus éclatant, & celui des autres plus court, mais ils sont tous également ennuyeux & ridicules. Celui qui considère ce qui se passe pendant une année, connoît ce qui se passera dans la suite des temps. Ce ne sont que les mêmes événemens combinés de différentes manières.

Si l'on concevoit dans toute son étendue les bizarreries du genre humain, qu'on auroit de plaisir à s'en voir séparé ! La vue d'une troupe de visionnaires qui courent après des chimères, qui s'inquiètent de bagatelles, qui haïssent le soir ce qu'ils ont aimé le matin, qui s'entretuent pour un pouce de terre ; cette vue, dis-je, n'est-elle pas capable de nous révolter ? Encore si les hommes étoient assez heureux pour ne point savoir qu'ils sont ridicules, mais on s'est donné bien de la peine & bien des soins afin d'en être pleinement convaincu. Je pourrois même dire que nos plus sages réflexions ne servent qu'à faire voir que nous sommes plus extravagans. Cela confirme la plaisanterie de Momus. Il prétendoit que les Dieux étoient pleins de nectar quand ils firent les hommes, & qu'ils ne purent regarder leur ouvrage de sens froid sans en rire.

On voit assez qu'il ne faut qu'être raisonnable pour ne point craindre la mort : un peu de bon goût, & quelque connoissance des affaires du monde, nous mettent au dessus de ces terreurs ridicules qui agitent le Vulgaire. Si l'on vouloit aller jusqu'à cette partie de la Philosophie qui regarde les mœurs, que la vie paroîtroit haïssable ! On me dira peut-être qu'il y a peu de gens dans le monde qui regardent la mort sans effroi ; ai-je aussi prétendu dire qu'il y eut beaucoup de personnes raisonnables ?

CHAPITRE II.

Si la vue de la mort peut être un sujet de plaisir ?

J'Ai tâché jusques ici d'ôter à la mort cet air affreux qui l'accompagne presque toujours. On peut maintenant s'apprivoiser avec elle, même badiner ; son abord n'est pas si rude, ni si farouche qu'on le croit ordinairement. J'ose la comparer à ces Animaux sauvages qu'on apporte d'un Royaume étranger : ils sont terribles à la première vue, l'œil se fait ensuite une habitude de ne les plus craindre. Malgré l'attachement que l'Homme a pour la vie, il se voit dans l'heureuse nécessité de se familiariser avec la mort, & ce n'est que par foiblesse qu'il s'en fait une affaire d'importance. J'en appelle au jugement de Monsieur de Fontenelle: tout le monde sait qu'il a blâmé (*) Caton d'Utique d'avoir quitté la vie trop sérieusement. Que l'indifférence fait honneur à un Philosophe, quand elle est bien ménagée ! Je trouve que les Poëtes sont presque les seuls, dans le monde savant, qui ont bien parlé de la mort. Cette vue leur a fourni mille pensées vives & agréables, dont les Connoisseurs sentent toute la beauté. J'avoue que le Vulgaire ignorant peut s'en choquer, mais le Vulgaire sait-il ce que c'est que délicatesse ? Il faut un art infini, pour rappeller le souvenir de la mort dans des Pièces folâtres & badines : c'est-là une manière de s'exciter au plaisir peu commune, mais pleine de finesse & de bon goût : elle n'est aussi en usage que

───────────────

(*) *Voyez ses Dialogues des Morts, tome* I.

parmi des personnes d'un mérite exquis.

Anacréon est inimitable, dans ces momens où la crainte d'une mort prochaine l'oblige à inventer de nouveaux plaisirs : on le voit s'irriter contre son propre sort, & trouver en même-temps le moyen de se rendre heureux. Rien aussi ne doit plus nous engager à jouir d'un bien, que l'appréhension de le perdre bientôt. Voilà le vrai système des Poëtes qui ont vécu du temps d'Auguste, système assez rafiné pour n'être point criminel. Je doute qu'on voulût aujourd'hui se faire un mérite auprès des Dames, en leur parlant de la mort ; cette galanterie seroit mal reçue. Catulle pourtant, qui se piquoit d'une politesse peu ordinaire, étoit là-dessus d'un goût fort différent du nôtre, comme on le peut voir par cette belle épigramme :

Vivamus,

Vivamus, mea Lesbia, atque amemus,
Rumoresque senum severiorum
Omnes unius æstimemus assis.
Soles occidere ac redire possunt;
Nobis, quùm semel occidit brevis lux,
Nox est perpetua una dormienda.

TRADUCTION.

Songeons à jouir de la vie,
Puisque l'amour, chère Lesbie,
Nous offre de doux passe-tems.
Moquons-nous des vains réglemens,
Qu'oppose la froide vieillesse
Aux soins d'une aimable tendresse.
 Le Soleil chaque jour
Se cache & renaît tour à tour :
Mais hélas ! Quand la mort cruelle
Viendra finir notre bonheur,
Rien ne pourra vaincre l'horreur
 De la nuit éternelle.

Antoine Muret, en commentant ces vers de Catulle, fait une réflexion très-judicieuse. *Admonitu mortis puellam ad fruendas secum voluptates cohortatur; est autem hoc argumen-*

tum Poëtis perfamiliare. On trouve dans Horace plusieurs morceaux qui confirment la remarque précédente. Comme c'étoit l'esprit le plus délié de son siècle, il a entièrement connu l'usage qu'on pouvoit faire de la pensée de la mort au milieu des jeux & des plaisirs. Cette pensée n'est point aussi importune qu'on croit, puisqu'elle sert de principal agrément à un ancien hymne du Poëte Cecilius. *Qu'on m'assure*, dit-il, *que je vivrai six mois, je les employerai si bien que je n'aurai aucun regret de mourir au septième.*

Les Modernes n'ont pas laissé quelquefois d'imiter les vues élégantes des beaux esprits de l'ancienne Grece, ou de Rome. Je trouve sur-tout que les Italiens en ont fort approché, peut-être parce qu'ils sont plus propres que d'autres à rafiner sur le plaisir. C'est là le caractère de la Nation : je n'en donnerai pour preuve que la fin d'une Elégie de Sannazar, Gentilhomme Néapolitain.

Puisque nous jouiſſons d'une verte jeuneſſe,
Et qu'elle nous permet l'uſage des plaiſirs,
 Vivons au gré de nos deſirs,
La raiſon ne convient qu'à l'affreuſe vieil-
  leſſe.
Je la vois s'avancer, elle hâte ſes pas,
Pour chaſſer loin de nous & les jeux & les
  graces ;
 Prévenons ces triſtes diſgraces :
 Que la crainte d'un prompt trépas
Réchauffe nos ardeurs, & faſſe que l'amour
Eloigne de nos cœurs une indigne foibleſſe.
Trop heureux, ſi la mort nous ſurprend
  quelque jour,
Enivrez d'une douce & flatteuſe tendreſ-
 ſe ! (*)

On a grand tort de n'offrir aux mourans qu'un ſpectacle triſte & funeſte. Ne vaudroit-il pas mieux, di-

_____

(*) Voyez la troiſième Elégie du premier Livre de Sannazar.

soit un bel esprit (*), leur donner alors tous les plaisirs dont ils sont capables ? La nature a besoin d'être agréablement flattée, lorsqu'elle commence à s'affoiblir. C'est ce que Petrone a prétendu nous marquer, en décrivant au milieu d'une affreuse tempête la manière dont Encolpe vouloit périr. *Dérobons encore*, crioit-il, *quelques plaisirs à la fatalité qui hâte notre perte.* L'honnête-homme ne fuit point la volupté, quand elle est marquée au coin de la sagesse. Pourquoi en frustrer ceux qui sont dans le lit d'infirmité ? Est-il quelque situation dans la vie où l'on ait plus besoin de pensées badines & divertissantes ?

Je ne veux ici consulter que cette partie du Monde, qui ne se gouverne

―――――――――――

(*) L'Abbé de St. Réal dans ses Œuvres posthumes.

point par préjugés, ni par habitude; elle avouera sans peine que l'idée de la mort s'accorde fort bien avec le plaisir. Le fameux repas de Trimalcion en est une preuve assez brillante. On y servit aux conviés un squelette d'argent, pour les exciter davantage à la joie, & pour les avertir que le temps du plaisir étoit court & précieux. Voilà un de ces tours adroits dont la Morale, quelquefois libertine; se sert, afin de ne point effaroucher notre amour-propre. Je pense que le Lecteur est maintenant assez préparé à voir des gens qui badinent avec la mort. Heureux, si je puis l'engager à suivre quelque jour de si beaux modèles!

CHAPITRE III.

Idée générale d'une mort plaisante.

Rien ne doit plus nous frapper dans l'histoire des grands Hommes, que la manière dont ils soutiennent les approches du trépas. Je crois que ces derniers momens sont les seuls, où l'on ne puisse emprunter un visage étranger. Nous nous déguisons pendant la vie, mais le masque tombe à la vue de la mort, & l'Homme se voit, pour ainsi dire, dans son déshabillé. Quelle doit être alors sa surprise ! Tout l'occupe sans le toucher : tout sert à faire évanouir ce dehors pompeux qui le cachoit à lui-même. Il se trouve seul & sans idées flatteuses, parce qu'il ne peut plus se prêter aux objets extérieurs.

Cette vue a cela d'utile en flattant notre curiofité, qu'elle nous inftruit. *Il n'eft rien de quoi*, difoit Montaigne, *je m'informe fi volontiers que de la mort des hommes, quelle parole, quel vifage, quelle contenance ils y ont eu; mille endroits des hiftoires que je remarque fi attentivement. Il y paroît, à la farciſſure de mes exemples, & que j'ai en particulière affection cette matière.*

Je fuis perfuadé que la dernière heure de notre vie eft celle qui décide de toutes les autres. Un ancien Philofophe avoit renvoyé l'heureux Crœfus à ce moment critique : & qui peut bien juger d'une pièce, fans en avoir vu le dénouement ? Il n'eft point fi difficile de s'expofer à la mort, quand on n'a pas le loifir d'y penfer. Sa vue ne fait alors aucune impreſſion. Oferai-je l'aſſurer ; le courage eft fouvent un beau mafque, qui sert à cacher une férocité stupide & grossière. Je suis peu content des idées qu'on a sur l'Héroïsme : elles sont l'ouvrage de la vanité humaine, & l'on sait que la vanité ne consulte guères le bon sens. L'image de ces Guerriers qui affrontent sans réflexion toutes sortes de hazards, n'a pour moi rien de sensible & de touchant. J'ai plus de plaisir à étudier un Philosophe, qui, sans se troubler, tombe nonchalamment entre les bras de la Mort. Il y a dans cette espèce de valeur beaucoup de délicatesse, & la valeur ordinaire est brutale.

On en tombera d'accord, si l'on réfléchit sur la mort de Petrone. C'étoit l'homme du monde qui se connoissoit le mieux en plaisirs, & cette science est toujours la marque d'un goût exquis. J'avancerai sans crainte qu'aucun Romain n'a su si bien que lui l'art d'entretenir une cour voluptueufe par des divertiffemens nouveaux. Il avoit auffi gagné toute la confiance de Néron, & cet Empereur l'établit fouverain Juge de la politeffe & du bon goût (*). Un emploi fi galant lui convenoit fort : libre de foins, n'aimant point à fe contraindre, & préférant, comme il faifoit, une douce oifiveté à tout ce qui fait l'embarras de la vie ; il étoit très-propre à régler les jeux, les fpectacles & les repas où Néron venoit fe délaffer. Tacite convient lui-même qu'il ne regnoit dans ces parties de plaifir qu'une débauche polie & fpirituelle.

La Cour qui commençoit à tomber dans un libertinage groffier, fe dégoûta peu à peu du rafinement de Petrone. Il s'en apperçut, & fe dégoûta auffi de la Cour. Cette occafion parut favorable à ceux qui vou-

---

(*) *Arbiter elegantiarum*, dit Tacite.

loient le perdre : ils y réuſſirent, en flattant l'eſprit de l'Empereur par des plaiſirs outrés, & tels qu'ils pouvoient convenir à ſon naturel féroce. Ce fut alors que Petrone remarqua qu'il étoit temps de quitter la vie. Il ſe mit dans un bain chaud, & ſe fit ouvrir les veines pour mourir plus tranquillement. On dit que dans ces derniers momens il s'amuſa à compoſer quelques vers ; il eut ſoin de raſſembler ſes meilleurs amis, & après avoir folâtré à ſon ordinaire, il expira ſans inquiétude. Je défie la plus maligne critique de trouver dans cette mort aucune circonſtance qui ne ſoit la preuve d'un courage exquis & curieuſement ſoutenu. J'oſe par conſéquent nommer Petrone, le Philoſophe le plus libertin, & le libertin le plus Philoſophe qu'on ait vu.

Voilà une de ces morts voluptueuſes qu'on ne ſauroit aſſez admirer. On n'y trouve, ni la contrainte, ni l'embarras d'une personne qui craint, ou qui regrette la vie. Peut-on avoir trop d'adresse afin de se ménager des plaisirs dans un temps où tout ne retrace que des idées funestes : Il faut pour cela ressembler à Petrone ; je veux dire, à un homme qui avoit acquis par une longue expérience cet art si utile, qui nous fait tirer quelque douceur des choses les plus désagréables.

Je méprise les morts trop sérieuses, dont le principal mérite consiste dans un grand air d'affectation. La valeur qui est concertée, n'est pas la plus estimable : un peu de nonchalance sied bien aux personnes qui abandonnent la vie. J'entends cette nonchalance qui est le vrai & le premier sentiment d'une joie pure. Comme elle naît du repos de l'esprit, y a-t-il volupté qui lui soit préférable ?

J'aurois tort de la propofer aux rêveurs, aux efprits fombres & cachés; rien ne leur plaît que ce qui eft exactement dans les règles du férieux. Ils feroient fâchés qu'on diminuât l'horreur que la mort femble infpirer, en les détournant ingénieufement de ce que fa vue a de trifte.

Cependant la fcience la plus utile à l'homme, eft de favoir ménager ce petit fonds de joies fecrettes que la nature lui a données en naiffant. Au lieu de l'employer tout-à-fait dans les heures de plaifir, il en doit réferver une partie pour ces momens où le chagrin & l'inquiétude prennent malgré lui le deffus. Voici peut-être la feule occafion où l'avarice deviendroit une vertu.

Les anciens en général s'imaginoient mourir délicieufement lorfqu'ils expiroient entre les bras des perfonnes qu'ils avoient le plus aimées. Le grave, le fentencieux Pindare avoit prié les Dieux de lui accorder ce qu'il y avoit de plus charmant dans la vie, & ils permirent qu'il mourût en appuyant la tête fur les genoux d'un ami qu'il chériffoit tendrement. Cela me fait reffouvenir du célèbre Ange Politien. Il étoit du nombre de ces beaux efprits que Laurent de Medicis honoroit de fon eftime & de fon amitié. On peut affurer auffi qu'il en paroiffoit fort digne, & par fa grande habilité dans les belles-Lettres, & par le foin qu'il prenoit de corriger les anciens Auteurs : occupation qui feroit aujourd'hui peu glorieufe, les compilateurs n'étant plus à la mode. Au refte, Politien peut paffer pour un excellent Poëte : malgré la violence d'une fiévre chaude qui le tourmentoit, il compofa quelques couplets de chanfon pour un jeune Grec qu'il avoit logé chez lui. Il se leva ensuite, & se mit à jouer de son luth, d'un air si tendre & si gracieux, qu'il expira en achevant le second couplet.

A parler de bon sens, l'homme raisonnable dans sa meilleure santé doit agir comme s'il alloit mourir ; & en mourant, il doit songer qu'il peut vivre encore. Cette maxime l'engageroit à ne rien perdre de sa gaieté ordinaire en quelque temps que ce fût.

CHAPITRE IV.

De l'indifférence que plusieurs Savans ont témoignée pour la mort.

ON contracte dans la République des Lettres je ne sais quelle nonchalance, qui paroît en un sens ne point manquer de vivacité. L'habitude peu commune où l'on y est de voir tout par ſes yeux, pourroit bien en être l'origine. Cette habitude fait connoître inſenſiblement le faux éclat du monde, & en dégoûte ſans peine. Quand on eſt né pour raiſonner, on ſe prête aux hommes, & jamais on ne s'y livre. Méritent-ils (vains & diſſipés comme ils ſont) un commerce trop aſſidu ou trop recherché de notre part ? Rempli de ces idées, le Philoſophe ſe joue de la mort : il va nonchalamment où tant de gens ſont allés avant lui, & où il ſera ſuivi de tant d'autres. Un de nos meilleurs Poëtes (*) a fort bien exprimé cette penſée dans les vers qu'il fit mettre ſur la porte de ſon cabinet.

Las d'eſpérer & de me plaindre
Des Grands, de l'Amour & du Sort,
J'attends patiemment la mort,
Sans la deſirer, ni la craindre.

Monſieur Bayle ne s'eſt point re-

―――――

(*) *Maynard.*

fusé à cette indifférence, où son caractère d'homme d'esprit sembloit le porter : caractère assez difficile à soutenir dans un siècle aussi éclairé que le nôtre. Il avoit tant de mépris pour la vie, qu'il ne voulut point modérer l'ardeur d'une fiévre lente qui le brûloit depuis long-temps. Elle ne l'empêcha pas de continuer un ouvrage épineux & plein de discussions critiques qu'il avoit entrepris contre Mr. le Clerc. Il s'appliqua même pendant une grande partie de la nuit à le retoucher, & comme il finissoit son travail, la mort le (*) surprit. Je doute qu'aucune passion puisse nous emporter aussi-loin que l'amour des Sciences : si cependant on doit traiter de passion ce qui a fait l'attachement des plus grands Hommes dans chaque siècle.

(*) Voyez l'*Avertissement des Entretiens de Thémiste & de Maxime*, tome 2.

Comme les ouvrages de Mr. Bayle sont entre les mains de tout le monde, il est à propos de parler un peu de sa manière d'écrire. Un style délicat & régulier est peut-être la seule chose qui lui ait manqué. Hardi, vif dans ses narrations, il s'abandonnoit trop à son génie: exact & laborieux, il aimoit trop à faire usage de ses lectures. C'est ce qui l'a jetté souvent dans des disgressions ennuyeuses, quoique fort savantes. Malgré tout cela il a eu le bonheur de faire goûter sa manière d'écrire, & le public même s'est déclaré hautement en sa faveur.

La vie de certains hommes est pleine de traits originaux. On remarque dans leurs moindres actions je ne sais quel air de supériorité qui prévient & qui touche. C'est principalement à l'approche du trépas, que tout ce qu'ils ont de force d'esprit se rassemble, pour ainsi dire, afin de leur faire plus d'honneur. Mr. Tschirnhaus, un de ceux à qui la nouvelle Géométrie a le plus d'obligation, ne proféra en expirant que ces paroles: *triomphe*, *victoire*, comme s'il eût donné des marques publiques de la joie qu'il goûtoit en ce dernier moment. Cette espéce de joie n'est connue que du Philosophe. Pour le célèbre Longolius, il crut obliger ses meilleurs amis en leur apprenant que sa mort approchoit. Il leur écrivit cette nouvelle d'un air badin, & avec moins d'émotion que s'il eut eu quelque voyage à faire. C'est Sainte-Marthe qui a pris soin de nous instruire de cette particularité. Longolius avoit fait son édude principale de l'éloquence: nous avons encore plusieurs harangues de sa façon, où il a tâché d'imiter la politesse qui brilloit à la Cour d'Auguste. Son règne est une époque fameuse pour les ouvrages d'esprit.

Je reviens à cette indifférence qui est si ordinaire dans la République des Lettres. Qu'est-elle autre chose qu'un sentiment exquis de l'ame qui sert à amortir toute la vivacité des objets, afin de la laisser dans une assiette tranquille ? Il faut pour cela une sorte d'étude, qui suppose plus de méditation que de lecture.

Le plus beau trait d'indifférence qu'on puisse recueillir des Anciens, regarde le Philosophe Pyrrhon, l'un des plus grands défenseurs de l'art de douter. Il soutenoit un jour que c'étoit presque la même chose, de vivre ou de mourir : & pourquoi ne mourez-vous pas, lui dit quelqu'un ? C'est, répondit-il, parce que je ne vois aucune différence entre la vie & la mort. Cette repartie est naturelle ; & les beautés qui sont toutes de la nature, frappent du premier abord.

Ajoutons aux morts dont nous avons déja parlé, celle de Jérôme Cardan, célèbre Italien. Elle a un air d'extravagance qui est assez rare. De quoi l'homme n'est-il pas capable ? Sa conduite est un fonds inépuisable de grotesques & de bizarreries. Revenons à Cardan. Il est si connu par ses malheurs & ses disparates, que je m'abstiendrai de parler de sa personne. Pour ce qui regarde ses Ecrits, on y trouve en plus d'un endroit des pensées qui sentent l'homme original, & des saillies qui ne peuvent convenir qu'à un visionnaire. Il avoit surtout beaucoup de déférence pour ce qu'on nomme Sciences occultes, & ayant lui-même tiré son horoscope, il trouva qu'il devoit mourir un certain jour. Afin de vérifier son thême astrologique, il ne voulut point manger, & prit si bien ses mesures, que sa prédiction fut heureusement confirmée. Il avoit peur qu'en vivant, on lui reprochât qu'il s'étoit trompé. Si les Astrologues s'avisent jamais de faire imprimer l'histoire des plus zélés Défenseurs de leur Art, Cardan y pourroit occuper la première place (*), & je doute que personne lui portât envie.

CHAPITRE V.
Remarques sur la mort de Démocrite, & sur celle de Pomponius Atticus.

LE Public s'imagine que la vie des Philosophes doit être remplie d'événemens rares & extraordinaires : Il se donne une peine infinie pour rencontrer du merveilleux dans toutes leurs actions : la fable même lui plaît

___
(*) Voyez le jugement que Naudé en a fait, il se rapporte au mien.

au défaut de la vérité. C'eſt là un rafinement de l'amour propre ; l'ignorance s'en trouve ſoulagée en quelque façon : ou elle abaiſſe, ou elle élève entiérement. Il y a ſur ce pied-là beaucoup de menſonges dans Diogene Laërce, & dans les autres Ecrivains de l'Hiſtoire Philoſophique : mais cela ne m'étonne point, il eſt aſſez difficile d'aller exactement à la Vérité, lorſqu'on eſt ſûr de plaire en déguiſant.

Je ne parlerai point des fables qu'on a débitées touchant Démocrite, elles me meneroient trop loin. Je crains auſſi de dire des choſes inutiles, & cela eſt inévitable quand on veut juſtifier quelqu'un, principalement ſur des bagatelles. Je ſerai plus goûté en donnant une idée juſte du caractère de ce Philoſophe ; cette matière eſt intéreſſante. C'étoit un homme retiré, obſcur, & qui n'aimoit que la méditation ; propre par conséquent à développer les secrets de la Nature. L'habitude qu'il avoit prise de traduire tout en ridicule, lui a fait beaucoup d'honneur ; & ce devoit être pour un Philosophe un agréable sujet de raillerie que le spectacle du monde. A voir les hommes comme ils sont faits, peut-on s'empêcher de s'en moquer ? Toute leur vie se passe dans des allées, ou des venues : peu de soins des choses nécessaires, & beaucoup d'attachement à celles qui sont inutiles.

Revenons à Démocrite. Quand il se vit incapable de souffrir les incommodités d'une longue vieillesse, il résolut de quitter la vie. Sa sœur en fut alarmée, & elle le pria de différer son trépas, jusqu'à ce que les trois fêtes de Cerès fussent passées. Pour lui plaire, il se fit apporter un pot de miel, & vécut encore quelques jours, par un excès de complaisance : après quoi ce sage vieillard s'abandonna librement à la mort. Je ne crois pas qu'on ait eu raison de l'accuser de magie. Le caractère d'esprit fort que Lucien lui donne, semble détruire ce que des Auteurs trop crédules ont écrit sur cette matière. Apparemment le siècle où Démocrite vivoit, étoit semblable au nôtre; je veux dire, que les petits esprits s'y donnoient la liberté d'attaquer ceux qui s'élevoient au dessus des préjugés du Vulgaire.

Je dois maintenant parler d'Atticus. Il étoit l'ami intime de Ciceron, & cela fait à mon gré une partie de son éloge. Délicat dans ses manières, & agréable dans ses parties de plaisirs, il cherchoit cette douce volupté qui convient aux honnêtes gens: purement homme de cabinet, il ne voulut jamais se mêler d'aucunes affaires.

César

César & Pompée l'estimèrent également, quoiqu'il n'eut embrassé le parti, ni de l'un, ni de l'autre, pendant la guerre civile. Le vrai mérite est toujours goûté, quand ce seroit celui d'un ennemi mortel.

Atticus jouit toujours d'une santé parfaite. Se voyant malade dans un âge fort avancé, il fit assembler toute sa famille; & lui expliqua en peu de mots le dessein où il étoit de mourir. Sa résolution parut hardie, mais son air enjoué fit connoître qu'on ne pourroit l'en détourner. Il s'abstint effectivement de toute nourriture ; & l'on dit qu'à mesure que sa mort approchoit, sa gaieté sembloit redoubler. Il faut se sentir en quelque manière supérieur à la vie, pour en disposer si librement. Chaque siècle fournit peu de ces hommes rares & intrépides : ils sont pourtant nécessaires de temps en temps, pour nous faire connoître notre foiblesse.

Malgré les raisons d'un nouveau Critique, j'ai cru devoir dépeindre Atticus comme un honnête-homme : peut-être qu'il ne l'étoit que par tempérament. Ces sortes de vertus qui ne demandent aucun effort, ont beaucoup de douceur dans le commerce de la vie. Et qui sait s'il y en a d'autres ? S'il y en a, elles ne sont pas fort communes, & ce sont pourtant les plus estimables.

CHAPITRE VI.

Quel temps est le plus avantageux à l'Homme pour mourir.

ON ne peut être long-temps heureux. Telle est notre destinée. La fortune passe avec tant de rapidité, qu'elle laisse à peine entrevoir ses faveurs. Il semble que son inconstance l'empêche de se fixer en aucun lieu, pour rendre un bonheur solide. Peut-être aussi y a-t-il trop de gens à contenter. Elle ne peut suffire à tout le monde, & les fonds lui manquent, c'est là au moins son excuse : mais qui oseroit vérifier si elle ne fait pas quelque double emploi, rendroit un service essentiel au Public.

Parlons plus sérieusement. Un bonheur qui a trop d'éclat, est toujours de peu de durée : souvent même il annonce une suite prochaine de disgraces. On peut là-dessus se rapporter à l'expérience : elle étonne quelquefois la raison elle-même, & la rectifie. C'est pour éviter des malheurs certains, que la mort est souhaitable dans quelques momens. Combien de fois s'est-on plaint qu'on avoit vécu trop d'un jour ? *Nimirùm hâc unâ die plus vixi, mihi quàm vivendum fuit*, disoit Laberius dans une de ses pasquinades. Cette réflexion a été souvent répétée, quoique sortie de la bouche d'un Comédien. L'espace d'un seul jour va ternir la plus belle réputation. Que de Ministres & de Généraux d'armée feroient figure dans l'histoire des grands Hommes, s'ils étoient morts, l'un après quelque heureuse négociation, & l'autre après une bataille gagnée ? Il n'a fallu souvent qu'un mauvais succès pour faire oublier ce qu'ils avoient fait de plus éclatant.

L'amour a été cause plusieurs fois qu'on a souhaité la mort, après avoir reçu des faveurs distinguées d'une Maîtresse. Les Poëtes en peuvent rendre raison : il n'y a point de gens qui soient moins discrets qu'eux sur un pareil article. Voilà une imitation de ces beaux vers de Petrone, *Qualis nox fuit illa, &c.*

Ah que cette nuit fut charmante !
Quels baisers ! Quels embrassemens !
Une chaleur vive & touchante
Nous saisit en ces doux momens.
Dieux ! Quelle en étoit la douceur ?
Nos ames de plaisirs mollement altérées,
Sur nos lèvres, hélas, jouissoient d'un bonheur
Dont elles sembloient enivrées.
Chagrins mortels, cuisans désirs,
Pourriez-vous me porter envie ?
Après avoir goûté de si tendres plaisirs,
On ne doit plus aimer la vie.

Un sage Lacédémonien donna des conseils presque semblables à Diagoras, le jour que ses trois fils furent couronnés aux Jeux Olympiques. Comme il vit que tout le peuple s'efforçoit d'applaudir à ce vieillard & de jetter des fleurs sur sa personne, il l'aborda froidement, & ne lui dit que ces paroles : *Meurs, Diagoras, car tu es trop heureux.* Il mourut effectivement de joie & de plaisir entre les bras de ses enfans. S'il est vrai, suivant le systême des anciens, que les Dieux ne font que nous prêter à la vie, ils ne peuvent nous donner une plus grande marque d'amitié, qu'en nous la ravissant dans des circonstances favorables. Combien nous épargnent-ils par là de chagrins ?

Ciceron en faisant l'éloge d'un de ses amis, crut devoir compter parmi ses bonnes fortunes, qu'il étoit mort avant les malheurs arrivés à Rome. *Si Rempublicam casus secuti sunt, ut mihi non erepta à Diis immortalibus L. Crasso vita, sed donata mors esse videatur.* Ciceron parloit là en homme qui chérissoit véritablement sa patrie, & l'on peut dire en général que jamais Nation n'a porté l'amour du bien public plus loin que la Romaine.

Ce seroit ici le lieu de parler des personnes qui sont mortes de joie ; mais cela me feroit perdre mon sujet

qui sont morts en plaisantant. 47
de vûe. Je prétends instruire le Lecteur, & un simple Recueil de faits historiques ne serviroit qu'à l'amuser. Il lui faut certaines matières choisies, où les réflexions se présentent d'elles-mêmes. C'est alors que l'esprit se réveille, & qu'il veut se faire honneur d'un travail dont il a tout le profit sans en avoir eu la peine. Cependant, comme on trouve des curieux de toute espèce, je renverrai à Valere Maxime & à Pline le Naturaliste, ceux qui voudront avoir une connoissance exacte des anciens qu'on a vû mourir de joie. Pour ce qui est des Modernes, je ne dirai qu'un mot du Pape Léon X. On sait qu'il avoit beaucoup de ce feu qui cause les grandes passions, & qui les fait passer quelquefois pour des vertus. Comme il étoit à quelques lieues de Rome dans une maison de plaisance, un Courier vint lui apprendre qu'on avoit chassé les

François de Milan & de Pavie. Il reçut ces nouvelles avec tant de satisfaction qu'il expira peu après de plaisir. Cette mort est assez singulière dans un Pape.

La prudence nous prescrit certains momens heureux pour quitter un emploi, ou une charge considérable. On se retire alors du monde avec toute son estime ; quelques heures après on commence à l'ennuyer. Il est de l'intérêt d'un homme sage de connoître le temps le plus propre à faire retraite, & cette science ne s'acquiert pas aisément, elle demande une attention presque continuelle sur soi-même pour résister à l'amour propre ; sans quoi voudroit-on souscrire à cette maxime si judicieuse ?

Solve senescentem maturè sanus equum, ne Peccet ad extremum ridendus & ilia ducat.

Je puis appliquer indifféremment à tous

tous les hommes ce qu'Horace appliquoit en particulier aux Poëtes qui vouloient vieillir sur le Parnasse ; mais ce seroit peu de chose, si nous n'étions que ridicules à un certain âge.

CHAPITRE VII.
Examen d'une pensée de Valere Maxime.

JE me sais bon gré de pouvoir ici faire l'éloge d'Anacréon. C'est à mon jugement le Poëte le plus tendre de toute l'Antiquité, & celui qui a le mieux connu le fin de la galanterie. Ses vers ont beaucoup de cet agrément qui plaît aux connoisseurs ; sa manière de faire l'amour se sent plus de notre siècle, que de celui où il vivoit ; c'est-là une marque de la beauté de son génie. Les Anciens n'avoient aucune teinture de la vraie politesse, & j'ose dire, malgré l'estime qu'on a pour eux, qu'ils étoient aussi grossiers dans une ruelle, qu'on y est aujourd'hui délicat. Il a fallu bien des siècles pour perfectionner l'Art d'aimer.

On me pardonnera si je m'intéresse un peu trop à ce qui regarde Anacréon ; il est du nombre de ces grands Hommes qui sont nés uniquement pour plaire. Valere Maxime lui a dressé un éloge magnifique & d'un tour assez nouveau. *La Nature*, dit-il, *a paru très-libérale à son égard, en le douant de l'esprit poétique, & en lui accordant une mort tranquille.* Il joint ces deux choses ensemble, mais je crois le second avantage préférable au premier. On se repent quelquefois d'être Poëte, & l'on se trouve toujours bien de n'avoir pas le loisir de regretter la vie. Au reste, la pensée de Valere Maxime est fort de mon goût. Qu'on ne s'imagine point qu'Anacréon se fit un métier de composer des vers. Sensible à la tendresse, & aimant avec fureur la bonne chère, il ne donnoit à l'étude que le temps qu'il déroboit à son plaisir. On voit aussi régner dans la plupart de ses compositions un air de nonchalance, qui le faisoit souhaiter de tous les honnêtes gens de la Grece. Cet air même lui étoit si naturel, qu'on le représenta comme un homme à demi ivre, qui se préparoît à jouer de la flûte.

Chacun sent avec plaisir quel avantage c'est que d'expirer tranquillement. Une mort douce est en quelque façon l'image de la vie : le point qui les sépare l'une de l'autre devient imperceptible. S'il y a quelque différence, elle n'est causée que par les objets qui nous environnent alors ; objets fâcheux & qui nous font faire de tristes réflexions. Car la mort en elle-même n'a rien de lugubre, c'est un moment semblable à celui où l'on se livre au sommeil; & faut-il tant de précautions pour s'endormir ?

Si j'ai avancé que la mort devoit être l'image de la vie, on ne doit pas m'en faire un crime. J'entends cette vie tranquille, exempte de trouble & d'agitation, telle enfin que l'ingégénieux Marot la souhaitoit par cette épigramme.

S'on nous laissoit nos jours en paix user,
Du temps présent à loisir disposer,
Et librement vivre comme il faut vivre,
Palais & Cours ne nous faudroit plus suivre,
Plaids, ne procès, ne les riches maisons
Avec leur gloire & enfumés blasons:
Mais sous belle ombre, en chambre & galeries
Nous pourmenans, livres & railleries,
Dames & bains, seroient les passe-tems,
Lieux & labeurs de nos esprits contens.
Las, maintenant à nous point ne vivons,
Et le bon temps périr pour nous savons,
Et s'envoler, sans remedes quelconques,
Puisqu'on le sait, que ne vit-on bien doncques ?

CHAPITRE VIII.

Remarques sur le caractère de l'Empereur Vespasien.

IL n'y a guères d'excès où la basse flatterie n'ait précipité l'Homme, abandonné à lui-même. Peu contente de déguiser des crimes exposés à la vue publique, elle a souvent orné le Vice des dehors de la Vertu. Les plus grands Princes lui doivent une partie de leur gloire : la Vérité ne prodigue pas si aisément les louanges. C'est-là ce qui rend la lecture de l'Histoire dangereuse, ou du moins peu agréable aux personnes sincères.

Je ne connois point de peuple au monde qui ait porté plus loin la flatterie que les Romains. Bassement attachés à ceux qui les gouvernoient, ils ont approuvé & leurs fureurs &

leurs extravagances. Les actions les plus criminelles devenoient l'objet de l'admiration publique. Je plains le fort des Rois : ils ne peuvent jamais s'affurer qu'ils font vertueux. Souvent même on les met au rang des Dieux, lorfqu'ils fe croient tout-à-fait indignes de l'eftime des hommes. Voilà une des plus grandes folies dont les Romains aient pu s'avifer : jamais ridicule n'a porté plus loin.

L'Empereur Vefpafien le fit bien fentir à fes principaux Courtifans, adulateurs fades & infipides. Voulant leur marquer qu'il étoit fort malade, il s'écria avec un fouris malin, *je m'apperçois que je vais devenir Dieu*. Le flatteur eft infenfible à de tels reproches : il ne peut fe perfuader que l'Homme aime la Vérité.

Avec des talens médiocres, Vefpafien a été un affez grand Prince. Il favoit affaifonner d'un tour brillant les vertus les plus communes. Guidé par des mœurs douces & tranquilles, il ne regardoit point le Trône comme le Théatre des grandes passions. Il s'appliqua uniquement à rétablir la Justice, à faire fleurir les beaux Arts & à réprimer la licence des Soldats. Une heureuse *médiocrité* est quelquefois plus utile qu'un génie sublime, aux Rois qui veulent gouverner sagement.

CHAPITRE IX.

Plaisanteries d'Auguste mourant, de Rabelais, &c.

IL est quelquefois nécessaire de faire sentir au Public, que ceux qu'on appelle grands Hommes ne diffèrent des autres que par la science de bien cacher leurs vices, ou par le choix de certains défauts éclatans. Beaucoup d'adresse leur tient lieu de mérite, & je suis persuadé que telle action qu'on admire depuis long-temps, paroîtroit méprisable, si l'on en pouvoit pénétrer le véritable motif. Le monde est une dupe qu'on trompe quand on veut, & sans beaucoup de peine. Il y a pourtant certaines mesures à garder avec lui : ceux qui réussissent le mieux sont traités de grands Hommes, & les autres sont généralement oubliés. Quelle bizarrerie !

Auguste a été un de ceux qui ont le mieux dissimulé leurs défauts. Habile dans cette politique rafinée que Machiavel a réduite en préceptes, il cachoit son ambition sous de beaux dehors. Fidèle en apparence à ce qu'il devoit aux loix de Triumvirat, il ne cherchoit en effet qu'à se rendre seul Maître de l'Empire. Jamais personne n'a su mieux que lui l'art de mettre tout à profit ; l'esprit qui ne laisse perdre aucun des avantages qui se présentent, est le plus propre pour le Trône.

Peu semblable aux Princes qui veulent seulement qu'on les craigne, Auguste vouloit qu'on l'estimât. C'étoit pour y forcer toute la République, qu'il eut envie de quitter l'Empire. Sa feinte modération lui valut mille éloges. Né pour les plaisirs, il aima la paix & fit fleurir les Sciences. Sa Cour étoit polie & agréable, en un mot, le rendez-vous des beaux esprits de toute l'Europe. Les Virgiles & les Horaces n'eurent d'autres titres que leur mérite pour y être admis. Ce fut avec de telles gens qu'Auguste mena une vie d'autant plus voluptueuse, qu'il connoissoit par lui-même tout le prix de la volupté. Suétone nous assure que sa dernière maladie ne lui ôta rien de son enjouement naturel. Se voyant un jour plus mal qu'à l'ordinaire, il demanda un miroir, & fit accommoder ses cheveux, comme si cette parure alloit lui servir de quelque chose. Après quoi il se tourna vers ceux qui étoient dans sa chambre, & leur dit en riant: *Trouvez-vous que je sois bon Comédien?* Cette plaisanterie fut relevée par un vers Grec, dont voici le sens.

Que chacun aujourd'hui s'abandonne à la joie.
Je rends grace au destin de la mort qu'il m'envoie.

On peut ici rappeller ce bon mot de Petrone, *Mundus universus exercet histrioniam*, tous les hommes sont Comédiens. Ils se donnent en spectacle à tour de rôle, les uns sont sifflés & les autres applaudis, le caprice en décide : je dis bien le caprice, car la raison oseroit-elle le faire?

Les dernières paroles de Rabelais sont assez semblables à celles d'Auguste. Cela ne m'étonne point, Rabelais étoit un plaisant de profession, original en ce genre d'écrire qui dépend d'un mélange bizarre de sérieux & de comique. Peut-être lui a-t-on fait trop d'honneur dans ces derniers temps, lors qu'on a voulu trouver du mystère dans tout ce qu'il a écrit. Quoiqu'il en soit, un Commentaire sur cet auteur pourroit plaire, s'il partoit de main de maître. On a dit quelque part que Gui Patin avoit entrepris ce travail ; personne certainement n'y étoit plus propre que lui.

Tout le monde rend justice au Cardinal de Bellai, qui protégea Rabelais d'une façon particulière. A peine fut-il informé de sa maladie, qu'il envoya un Page pour savoir de ses nouvelles. De pareilles attentions deviennent assez rares dans ceux qui sont au dessus des autres, ou qui croient l'être. Rabelais badina long-temps avec le Page qui l'étoit venu voir ; mais sentant tout à coup que sa mort approchoit, rapporte à Monseigneur, lui dit-il, l'état où tu me vois : je m'en vais chercher un grand peut-être ; il est au nid de la pie, qu'il s'y tienne, & pour toi tu ne seras jamais qu'un fol ; *tire le rideau, la farce est jouée*. Cette saillie est digne d'un homme qui excelloit dans l'art de plaisanter. Je doute que notre siècle, quoique plus savant que celui où Rabelais vivoit, pût lui apprendre quelque chose de nouveau sur cet article.

J'ai parlé avec assez de précision des deux morts précédentes, il est juste de passer maintenant à celle de Malherbe, l'un des premiers & des plus grands Maîtres qui aient formé le goût de la France. Mr. Despréaux nous a fait sentir toute l'obligation que notre Poésie lui avoit : elle changea tout d'un coup, & devint réglée, d'indocile & de libertine qu'elle étoit auparavant. Malherbe avoit un génie heureux, & propre à se frayer de nouvelles routes: il pensoit noblement, il peignoit les objets d'une manière vive & touchante; en un mot, il étoit né avec les dispositions qu'Horace demande dans un Poëte.

Cui mens divinior, atque os Magna sonaturum, des nominis hujus honorem.

Racan, homme de qualité, & bel esprit en même-temps, nous a laissé la vie de Malherbe écrite d'un air fort sincère. On y remarque avec plaisir qu'il étoit assez Philosophe, sur-tout depuis la mort de son fils: il donna même de grandes marques de Stoïcisme pendant sa dernière maladie, & ces marques ne doivent point, à mon avis, paroître suspectes. Une heure avant que de mourir *il s'éveilla*, dit Racan, *comme en sursaut, pour reprendre son Hôtesse, qui lui servoit de garde, d'un mot qui n'étoit pas bien François à son gré ; & comme son Confesseur lui en fit réprimande, il lui dit qu'il ne pouvoit s'en empêcher, & qu'il vouloit défendre jusques à la mort la pureté de la Langue Françoise.* Voilà une délicatesse d'oreille poussée à bout, & dont il n'y a aucun exemple dans nos Puristes nouveaux. On sait bien quels sont les Auteurs que je veux désigner par-là.

Malherbe n'avoit pas trop bonne opinion de la Poésie, quoiqu'il se fût toujours adonné à ce genre d'écrire. Quelqu'un se plaignoit devant lui de ce qu'il n'y avoit des récompenses que pour ceux qui alloient à l'armée, ou qui entroient dans les affaires ; il lui avoua franchement qu'il n'en étoit pas surpris, & *qu'un Poëte*

qui sont morts en plaisantant. 63
lui paroissoit aussi utile à un Etat, qu'un bon Joueur de quilles. Je ne veux pas tout-à-fait approuver cette comparaison ; elle choque trop de personnes à la fois. Je dirai pourtant que je trouve assez étrange, qu'il y ait un Art particulier dans le monde de débiter des fables & des mensonges.

CHAPITRE X.
Traduction d'un morceau considérable de Suétone.

L'Illustre imitateur de Théophraste a proposé dans ses nouveaux Caractères, un problême assez curieux que personne n'a encore résolue. Il vouloit qu'on lui déterminât au juste quelle sorte d'esprit étoit propre à faire fortune. Cette question devient plus difficile & plus compliquée de jour en jour : car jamais on n'a vu de ces hommes misérables qui s'élèvent sans aucun mérite : notre siècle sera sous ce point de vue un siècle assez bizarre. Quoiqu'il en soit, tous les Royaumes ont fourni des établissemens pompeux où le hasard seul avoit part ; ce qui est aussi propre à exciter les foux qui courent après la fortune, qu'à rendre sages ceux qui la méprisent.

L'Empire Romain a vu souvent de ces hommes peu illustres, que le destin capricieux & bizarre conduisoit jusques sur le Trône. Salvius Otho, un des douze premiers Césars, peut en servir d'exemple. Le mariage honteux de son bisaïeul, & l'attachement de Tibere pour sa grand-mère, furent les deux sources de son bonheur. Une mauvaise circonstance sert autant qu'une bonne, pour nous faire briller dans le monde. Combien de fortunes

fortunes ne sont dues qu'à des crimes ?

Othon n'avoit aucune de ces qualités éminentes qui sont nécessaires à un Souverain. Naturellement timide, il ne voulut jamais paroître à la tête de son armée pour combattre en personne Vitellius. Sa lâcheté ruina entièrement ses affaires, & la crainte de tomber vif entre les mains d'un ennemi cruel, lui fit prendre la résolution de se tuer. Voici comme Suétone rapporte ce fait.

Un Soldat ayant appris à Othon la défaite entière de son armée, & ne pouvant lui faire croire cette nouvelle, parce qu'on l'accusoit de fourberie ou de lâcheté ; ce Soldat, dis-je, tira son épée & se tua. L'Empereur frémit à cette vue, & jura qu'il ne seroit jamais la cause de la mort de personne. Se tournant ensuite vers ses principaux Courtisans, il les pria de lui donner un bon conseil. Après plusieurs protestations sembles de confiance & d'amitié, il rentra dans son cabinet pour écrire à sa sœur deux lettres de condoléance. Il crut aussi que son devoir l'engageoit à brûler certains papiers secrets, & à remettre aux plus fideles de ses domestiques tout l'argent qui lui restoit entre les mains.

Après ces préparatifs, Othon s'apperçut par quelque émeute populaire qu'on arrêtoit prisonniers ceux qui vouloient sortir de la ville. Il défendit expressément aux principaux Officiers de sa Cour de leur faire aucun mal, & il s'écria d'un air moqueur, *prêtons-nous à la vie encore l'espace d'une nuit.* Tout le monde eut alors la liberté de le voir; il but un verre d'eau, & ayant choisi le plus tranchant de deux poignards qu'on lui présenta, il le mit lui-même sous le chevet de son lit. Après quoi il se coucha tranquillement, les portes de sa chambre ouvertes, & il s'endormit sans aucune inquiétude. Son premier soin en s'éveillant fut de rechercher son poignard & de s'en frapper.

Ainsi mourut Othon, toujours foible & toujours inconstant, excepté le dernier jour de sa vie. La chose me paroît assez bizarre : il ne devint grand Homme que dans le temps que les autres cessent de l'être.

CHAPITRE XI.
De quelques femmes qui sont mortes en plaisantant.

JE ne crois pas que l'intrépidité soit la vertu favorite du beau sexe. Il semble que les passions douces & flatteuses qui lui sont tombées en partage, l'empêchent d'avoir du goût pour un héroïsme trop relevé. Cela ne m'étonne point; tout caractère dont l'enjouement eſt la baſe, s'accommode peu de ce qu'il y a de ſublime dans les mœurs. Naturellement tendres, & coquettes par raiſon, les femmes ne cherchent qu'à exceller dans l'art de plaire. Bien loin de vouloir en impoſer au monde par un courage affecté, elles ſe font un point d'honneur de montrer quelque foibleſſe. On auroit grand tort de les en blâmer: une belle triomphe, même en cédant.

Quoique l'intrépidité ſoit inutile aux femmes, on ne laiſſe pas de trouver parmi elles des Héroïnes, des Philoſophes, & même des eſprits forts.

Tout dépend des premières impreſſions qu'on leur donne; & en général les perſonnes qui ont le plus de vivacité ſont les plus propres à ſe laiſſer prévenir. L'Hiſtoire ancienne & moderne ne nous parle que d'un très-petit nombre de femmes qui ont badiné avec la mort. Une des plus remarquables est Mademoiselle de Limeuil, fille d'honneur de Catherine de Médicis. Toute jeune encore, elle se fit connoître à la Cour par ses bons mots, & même par des pasquinades remplies de sel attique. Un ancien Auteur avoue sans peine qu'*elle étoit fort grande parleuse, brocardeuse, & très-bien, & fort à propos*. Est-il un lieu au monde où l'humeur médisante trouve mieux son compte qu'à la Cour? Quand elle ne seroit pleine que de ces sots de qualité, qui préfèrent le clinquant du Tasse à l'or de Virgile, un Satyrique y seroit au comble de sa joie.

Je ne puis finir de meilleure grace ce qui regarde Mademoiselle de Limeuil, qu'en me servant des propres termes de Brantome. Voici com-

me il s'exprime, avec sa naïveté ordinaire. » Quand l'heure de la mort
» fut venue, elle fit venir à soi son
» valet, qui s'appelloit Julien, &
» qui savoit très-bien jouer du violon.
» Julien, lui dit-elle, prenez votre
» violon, & sonnez-moi toujours,
» jusqu'à ce que vous me voyiez
» morte, la défaite des Suisses, &
» le mieux que vous pourrez ; &
» quand vous serez sur le mot, *tout*
» *est perdu*, sonnez-le par quatre ou
» cinq fois le plus piteusement que
» vous pourrez. Ce que fit l'autre,
» & elle-même lui aidoit de la voix,
» & quand se vint *tout est perdu*, elle
» réitéra par deux fois, & se tournant
» de l'autre côté du chevet, elle dit
» à ses compagnes, *tout est perdu à*
» *ce coup, & à bon escient*, & ainsi
» décéda. » Mademoiselle de Limeuil avoit une sœur parfaitement
belle, mais qui ne la valoit pas du

côté de l'esprit. Telle est la destinée de la plupart des choses excellentes ; on ne les voit presque jamais unies ensemble, & cependant a-t-on quelque droit de s'en plaindre ?

Il ne faut pas long-temps consulter le goût des femmes, pour savoir qu'elles aiment mieux être jolies & un peu sottes, que spirituelles avec beaucoup de laideur. Cette préférence qui se donne à la beauté me paroît un sentiment commun à tout le sexe. La Reine Elisabeth n'en étoit pas exempte : malgré l'orgueil du trône, elle fit un présent considérable à un jeune Hollandois qui l'avoit seulement trouvé belle. Remarquons en passant que l'amour-propre est inséparable de l'homme : je ne sais même s'il ne fait pas une partie essentielle de son caractère. Celui qui en seroit destitué, ne pourroit au plus devenir qu'un habitant de la République imaginaire de Platon.

Je ne prétends pas ici faire le procès à la mémoire d'Elisabeth. J'avoue avec plaisir qu'elle étoit née ce que les autres Princesses ne deviennent que par une longue étude. Jalouse de son pouvoir, & habile dans l'art de se faire craindre, elle témoigna autant de courage pendant sa vie, que d'indifférence à sa mort. Voici ce que j'en ai lu dans les Mémoires secrets d'un fameux Italien, nommé Vittorio Siri. Cette Reine étant assise sur son lit, les yeux tournés vers la terre & un doigt dans la bouche, fit venir sa Musique ordinaire, qu'elle entendit jusqu'au dernier soupir avec une joie inconcevable. On ne doit point trouver mauvais qu'une femme se procure à l'approche de la mort, tous les plaisirs dont son imagination peut s'aviser : elle éloigne par-là des idées trop accablantes ; une distraction agréable est souvent un remède sûr contre bien des chagrins.

Qu'on me permette de joindre à la mort d'Elifabeth, celle d'Anne de Boleyn fa mère. Fameufe par fa grandeur, autant que par fes difgraces, elle ne defcendit du Trône que pour monter fur l'échaffaut. Peu de jours heureux lui valurent une mort bien flétriffante : il eft quelquefois à craindre d'être trop bien avec la fortune, elle fe plaît à jouer de mauvais tours. Anne de Boleyn fut fujette à de grandes inégalités d'efprit pendant tout le temps de fa prifon : elle pleuroit & chantoit tour à tour, elle paffoit en un moment de la joie à la trifteffe. Etant fur l'échaffaut, elle demanda à l'Exécuteur s'il favoit bien fon métier, & tout d'un coup on la vit s'abandonner à de grands éclats de rire. Il y a peut-être un peu d'extravagance & de bizarrerie dans cette conduite : mais qui ne fait que les plus grands Hommes péchent par ces

deux endroits? Un ancien l'a dit :
Nullum magnum ingenium fine mixturâ dementiæ.

CHAPITRE XII.

Des dernières heures de Madame de Mazarin.

LE nom & les aventures de cette Duchesse ont fait tant de bruit dans le monde, que j'aurois mauvaise grace d'entrer ici dans un trop grand détail. Elle fut menée en France à l'âge de six ans, & elle hérita des biens immenses du Cardinal Mazarin, en épousant le Duc de la Meilleraye. L'humeur scrupuleuse & sévère de son mari l'obligea, après plusieurs séparations passagères, de sortir de France. Elle se fixa en Angleterre, & y fut généralement estimée de tout le monde. Monsieur de Saint-

Evremond, qui se connoissoit si bien en mérite, s'attacha à elle d'une façon toute particulière, & ne perdit aucune occasion de la louer. Quoiqu'elle ne soit pas l'auteur des Mémoires qui portent son nom, on ne peut sans injustice lui refuser le titre de bel esprit.

Elle fit en mourant l'aveu du monde qui prouve le mieux une indévotion enracinée. Je me ferai assez entendre, en disant qu'elle expira aussi nonchalamment que si tout alloit finir avec elle. En effet, un Auteur curieux nous apprend (*) qu'*elle conserva jusqu'au dernier moment de sa vie, les mêmes sentimens que M. de Saint-Evremond lui attribue dans une de ses Lettres*: où pour la détourner du

---

(*) Voyez la vie de M. de Saint-Evremond, pag. 217, 180 & 181, édition de Paris, 1711.

dessein qu'elle avoit pris de se retirer dans un Couvent, il lui parle de cette manière : *Encore si vous étiez touchée d'une grace particulière de Dieu, qui vous attachât à son service, on excuseroit la dureté de votre condition par l'ardeur de votre zèle, qui vous rendroit tout supportable. Mais vous n'êtes, ni convaincue ni touchée; & il vous faut apprendre à croire celui que vous allez servir si durement.* Dans la situation où se trouvoit Madame de Mazarin, on se met aisément au dessus de ces formalités dont les superstiteux se servent, à l'approche de trépas.

Elle avoua cependant qu'elle étoit fâchée de mourir avant M. de Saint-Evremond. *Je voudrois voir*, dit-elle agréablement, *s'il conservera jusqu'à la fin, & cette indifférence pour la vie & cet esprit libre de préjugés, dont il se fait un si grand mérite* L'événement ne démentit point des souhaits si favorables aux Esprits forts. En effet on ne remarqua en lui aucun regret de quitter la vie, quoique son unique étude pendant plus de quarante ans eût été de courir après toutes sortes de plaisirs. Il donna tête baissée dans l'éternité, pour me servir d'une expression de Montaigne, sans la considérer ni la reconnoître. L'Auteur de sa vie n'a pas jugé à propos d'entrer dans aucun détail : mais son silence en dit assez.

J'ai appris d'ailleurs qu'au lieu de s'affliger à la vue de la mort, M. de Saint-Evremond avoit réservé toute sa gaieté pour ces derniers momens. Plus enjoué & plus badin qu'à l'ordinaire, il plaisantoit agréablement sur sa fin prochaine. Il dit un jour *qu'il avoit grande envie de se réconcilier*, & comme on interprétoit ces paroles dans un sens dévot, il s'expliqua en ajoutant *que c'étoit avec l'ap-*

petit. Je retrouve avec plaisir dans cette saillie, le véritable caractère d'un vieillard voluptueux.

Ceux qui ont entendu parler de Mademoiselle de Lenclos, seront bien aises d'apprendre un fait curieux qui la regarde. Cette charmante personne nous a montré qu'il pouvoit y avoir de la délicatesse jusques dans le libertinage. Elle fut tour à tour maîtresse de plusieurs Seigneurs de la Cour ; mais loin d'agir avec eux en femme intéressée, elle se piqua toujours d'une libéralité ingénieuse & propre à réveiller les plaisirs. Aussi tous ceux qui l'avoient aimée pendant sa jeunesse, se firent un devoir de lui envoyer des présens considérables, quand l'âge lui eut ôté tous ses charmes. Monsieur le Duc de la R.... ne fut pas des derniers. Le Père de Mademoiselle de Lenclos l'avoit excitée par de puissantes raisons à suivre le train de vie qu'elle embrassa dans la suite : car étant au lit de la mort, il la fit venir, & l'ayant regardée d'un œil languissant, *Ma fille*, lui dit-il, *vous voyez que tout ce qui me reste en ce moment est un souvenir fâcheux des plaisirs qui me quittent. Leur possession n'a pas été de longue durée, & c'est la seule chose dont je puis me plaindre à la Nature : mais, hélas ! que mes regrets sont inutiles ! Vous qui avez à me survivre, profitez d'un temps précieux, & ne devenez point scrupuleuse sur le nombre, mais sur le choix de vos plaisirs.*

Je tiens ces particularités d'un homme d'esprit, qui m'a assuré les avoir apprises de Mademoiselle de Lenclos. Elle connoissoit à fond tout le prix d'une vie voluptueuse, & elle vouloit qu'on lui rendit là-dessus justice.

CHAPITRE XIII.

Additions à ce qui a été dit dans le IX & dans le XI Chapitre.

IL suffit de nommer Machiavel, pour faire naître l'idée d'un excellent Politique. La nature l'avoit forcé dès sa jeunesse à saisir ce qu'il y avoit d'essentiel dans la science de l'homme d'Etat. Elle l'engagea peu après à entrer dans le cabinet des Princes, & à démêler les principaux motifs qui les faisoient agir. Avec un esprit pénétrant, il ne pouvoit qu'y beaucoup profiter. Aussi ses Ouvrages représentent-ils naïvement ce que le Trône exige du Souverain, & ce que le Souverain exige de ses Sujets. On me permettra de ne point assurer que cela s'accorde toujours avec l'équité naturelle.

Florence

Florence étoit la patrie de Machiavel. Né avec un esprit inquiet & républicain, il ne put s'accommoder de la nouvelle domination des Medicis. Cependant la chose devoit paroître délicate à tout homme de bon sens. On puniſſoit alors le moindre ſoupçon avec autant de ſévérité que le vrai crime, & c'en étoit un que d'avoir plus d'eſprit que les autres.

La trop bonne opinion qu'on avoit des lumières de Machiavel, penſa lui coûter cher. On le crut Auteur d'une conjuration qui s'étoit tramée contre le Cardinal Julien de Medicis, & on le vint arrêter par ſon ordre. Sa priſon dura pluſieurs mois, & la perte de tous ſes biens ſuivit ſon élargiſſement. Ce fut alors qu'il commença à ſe déchaîner contre les nouveaux Tyrans. Philoſophe rigide, il ſe faiſoit honneur de ſa miſère ; & Satyrique outré, il ſe moquoit de tout. La mort même,

F

qu'il attendoit avec impatience, lui parut un nouveau sujet de raillerie. Plus hardi en cela que le fameux Aretin, qui ayant plaisanté toute sa vie, n'osa le faire en expirant, il étoit tombé dans un bigotisme outré.

Le foible d'un certain âge est la superstition. Les grands Hommes, avec toute leur adresse, ont quelquefois bien de la peine à s'en exempter. Periclès, qui avoit toujours fait l'esprit fort, se voyant désespéré des Médecins, eut recours aux ligatures & aux incantations magiques. Un de ses amis l'étant venu voir, lui demanda des nouvelles de sa santé. *Jugez*, dit-il, *du malheureux état où je me trouve, par l'attirail qui m'environne. Il faut que je sois bien malade, puisque je suis devenu superstitieux.* L'homme me paroîtroit véritablement habile, s'il pouvoit se mettre au-dessus des impressions machinales. Mais quoi !

A-t-il affez de force d'efprit pour cela?

Je vais paffer à la mort de Buchanan, où peut-être on trouvera plus de courage que dans celle de Périclès. Cependant les dernières paroles de ce fameux Grec prifes en un certain fens, peuvent plaire aux Connoiffeurs. Buchanan écrivoit avec beaucoup de politeffe: fon Hiftoire d'Ecoffe eft en fon genre une des plus fines productions des Modernes. Il eft étonnant, difoit Mr. de Thou, qu'un homme forti de la pouffière du Collége ait fi bien entendu les intérêts des Princes. Buchanan étoit Ecoffois de nation: il fortit fort jeune de fa patrie, & après avoir long-temps voyagé, il y revint paffer les dernières années de fa vie. Un mérite connu lui avoit procuré à la Cour une fortune affez confidérable. A peine commençoit-il à en goûter les douceurs, qu'une fiévre lente vint le préparer à la mort. Sa maladie ne l'étonna point : un Philosophe se détermine d'autant plus aisément à quitter la vie, qu'il ne tient presque point aux objets extérieurs.

Buchanan pendant tout le cours de sa fiévre ne voulut prendre aucun remède. Soigneux de consulter les mouvemens secrets de la Nature, il s'abandonnoit à un instinct aidé par le bon sens. Nullement convaincu de la capacité des Médecins, il les bravoit ouvertement : on dit même qu'après avoir appris d'eux que le vin lui étoit mortel, il prit un verre à la main, & mourut en récitant cette Elégie de Properce.

Cinthia prima suis miserum me cepit ocellis,
 Contactum nullis ante cupidinibus.
Tum mihi, &c.

Si le public se déclare jamais pour ceux qui expirent d'une manière conforme à leur génie & à leurs passions favorites, on avouera sans peine que

Buchanan eſt mort en parfait buveur, & la fameuſe Laïs en femme galante. Ce dernier caractère étoit peut-être le plus difficile à ſoutenir.

Laïs avoit une de ces beautés privilégiées, dont la nature paroît aſſez avare. Elle eut toujours à ſa ſuite une foule d'amans choiſis, qui achetoient chérement ſes moindres faveurs. Savante en l'art de toucher & de plaire, elle dompta juſqu'à des Philoſophes, gens farouches & intraitables, que l'amour ne réduit qu'avec peine ; mais enfin il réduit tout, & la ſageſſe elle-même eſt obligée de céder aux efforts d'une coquette habille. On peut s'imaginer aiſément quelles étoient les occupations de Laïs. En qualité de jolie femme, elle ne ſongeoit qu'à ſa parure ; en qualité de conquérante, elle ſe procuroit chaque jour de nouveaux charmes. La vieilleſſe, qui eſt ordinairement accompagnée de regrets

& de chagrins, ne lui fit point quitter son train de vie. Elle expira au milieu de ces mêmes plaisirs qui lui avoient été si chers. Qu'il me soit permis de ne point m'expliquer plus ouvertement, de peur de blesser la pureté de notre Langue.

C'étoit sans doute à la mort de Laïs qu'Ovide faisoit allusion dans ces vers échapés à une Muse trop indiscréte.

O. utinam Veneris possem languescere motu!
Cum moriar, medium solvar & inter opus.

CHAPITRE XIV.

Remarque sur les dernières paroles d'Henri VIII, Roi d'Angleterre, du Comte de Grammont, &c.

LA Religion des Rois est bien différente de celle du Peuple, quoiqu'en apparence elle semble être la même. Superstitieux, inapliqué, peu capable d'examen, le peuple se laisse aisément séduire. Sa folle avidité pour le merveilleux ou pour l'incroyable, lui fait souvent rechercher le faux. La vérité nue & dépouillée de ses ornemens flatteurs qui surprennent l'imagination, le fatigue : quelquefois même elle l'ennuie. Les Rois au contraire regardent la religion comme une partie de leur domaine, qu'ils sont maîtres d'aliéner quand il leur plaît. Nourris dans ces sentimens, ils insultent à l'ignorance populaire, & se jouent, pour ainsi dire, de la crédulité de leurs Sujets. Que la condition des hommes qui obéissent est malheureuse ! On les trompe grossièrement, & pour comble de disgrace, on les oblige à respecter le plus vil séducteur.

Il n'y a guères de Pays ou la Religion n'ait joué des rôles assez bizarres.

Une destinée malheureuse la rend propre à fournir des scénes comiques, souvent même burlesques. L'incrédulité s'en divertit. Amie de la raison, elle n'est point soumise à ces passions fines & ingénieuses que la politique fait mettre en œuvre. Je ne vois que l'ignorance capable d'approuver ces grands changemens qui arrivent dans le sein des Religions. Ils ne me paroissent souvent fondés que sur l'ambition, ou sur un desir aveugle de se venger. C'est peut-être à ces deux motifs qu'on peut légitimement attribuer la révolution arrivée en Angleterre, sous le règne d'Henri VIII.

Ce Prince étoit né grand Homme: persuadé cependant qu'il devoit régler ses démarches, plutôt parce qu'il pensoit lui-même, que parce que les autres pouvoient penser. Il y a là dessous une espèce de vanité qui égale le vrai courage. Henri VIII abandonné des Médecins, demanda un verre de vin blanc, & comme on le lui préfentoit, il s'écria d'un ton railleur, *tout eft perdu*. Ces dernières paroles qu'il proféra enfuite jufqu'à la mort, témoignèrent ouvertement l'averfion qu'il avoit pour les Moines, gens vils, intéreffés & haïffables par la baffeffe de leurs mœurs.

Le Comte de Grammont n'étoit pas fort éloigné de cette efpèce de mépris. Senfible aux charmes d'une vie voluptueufe il dédaignoit de s'inftruire des différentes opinions des hommes. Leur bizarrerie les avoit rendues méprifables à fes yeux. Le Roi prévenu de fon irreligion, & inftruit en même-temps qu'il étoit dàngereufement malade, lui envoya le Marquis de Dangeau, pour l'exciter à mourir en bon Chrétien. Chaque âge a fon goût & fes maximes.

Mr. de Grammont (*) qui étoit presque agonifant, se tourna alors du côté de la Comtesse sa femme qui avoit toujours été fort dévote, & lui dit : *Comtesse, si vous n'y prenez garde, Dangeau vous escamotera ma conversion.* Cette saillie paroissoit si heureuse à M. de Saint-Evremond, qu'il l'auroit achetée aux dépens de sa vie : les esprits forts ne sont pas toujours ceux qui meurent avec le plus de hardiesse. Que ne doit-on pas craindre du dérangement de notre machine ?

Le *bon homme* Des Yveteaux (c'est ainsi que le nommoit la charmante (**) *Ninon*) se voyant peu éloigné de la mort, fit jouer une sarabande : *afin*, disoit-il, *que son ame*

(*) *Voyez* la vie de M. de Saint-Evremond, donnée au public par M. Desmaizeaux, pag. 204 & suiv. édition de Paris.

(**) Mademoiselle de Lenclos.

qui font morts en plaifantant 91
paffât plus gaiment. C'eft connoître tout le prix de la vie, que de n'en vouloir pas abandonner un feul moment à la crainte ou à la triftefle.

CHAPITRE XV.

Additions à l'Hiftoire de l'Académie Françoife.

IL n'y a guères d'Ouvrage plus propre à faire fentir le génie de la Langue Françoife, que les Plaidoyers de Mr. Patru. Egalement éloigné de la féchereffe & de l'affectation, fon éloquence eft par tout mâle, nerveufe & fufceptible de nouvelles idées. Peut-être ne lui a t-il manqué, pour être grand Orateur, que de favoir l'art de plaider heureufement. Mr. Patru négligea toujours les faveurs de la fortune, fi difficiles à acquérir fans crime. Satisfait de sa médiocrité, il vivoit dans l'indépendance.

M. Bossuet, Evêque de Meaux, ayant appris qu'il étoit au lit de la mort, l'alla trouver, & l'excita par les paroles du monde les plus séduisantes, à jouer le dernier acte de la comédie, à la manière de l'Eglise de Rome. *Monsieur*, lui dit-il, *on vous a regardé jusqu'ici comme un esprit fort : songez à détromper le public par des discours sincères & religieux. Il est plus à propos que je me taise*, s'écria-t-il d'un air badin. *On ne parle en ces derniers momens que par foiblesse ou par vanité.*

Il y a des grimaces de Religion, il y en a de politique auxquelles on veut soumettre les mourans. C'est par là que des Corps considérables se soutiennent dans le monde, & que des Sociétés nombreuses se sont enrichies. On pourroit trouver un p-----

de vue sous lequel toutes leurs fourberies paroîtroient bien ridicules. Le Président R.... une heure avant que d'expirer, leur fit bien sentir ce qu'il en pensoit. *Vous serez payé*, dit-il à un Prêtre qui l'étoit venu exhorter à la mort, *mais laissez-moi en repos*.

Je trouve un plus grand air de singularité dans la mort de M. Pelisson, principalement connu par son Histoire de l'Académie Françoise. Il avoit été Secrétaire de M. Fouquet, & il fut enveloppé dans sa disgrace. Le crédit de ses amis, son mérite personnel, & sur-tout la réputation de bel esprit qu'il s'étoit acquise, le tirèrent enfin de la Bastille. Chose étrange, comme à la Cour les grands postes sont glissans !

Il s'abandonna dans la suite aux controverses ; genre d'étude sec, épineux & plein d'illusions. Il écrivit même contre les Calvinistes d'une manière assez vive, mais sans aucun fruit ; telle est la destinée de toutes les disputes de Religion. Je suis uniquement surpris qu'un homme aussi zélé pour le Catholicisme que M. Pelisson, n'en ait voulu donner aucune marque extérieure, au lit de la mort. Il avoua que jusqu'à ce moment *il n'avoit agi que par politique*. Rien n'est plus burlesque que de s'imaginer que l'homme écrit toujours suivant ce qu'il pense, & pense toujours suivant ce qu'il écrit.

CHAPITRE XVI.
De la mort de Gassendi & du célèbre Hobbes.

IL y a une Philosophie austère & sauvage, dont je ne fais aucun cas. Elle n'aime la sagesse que par rapport à cette sévérité chagrine qui l'accompagne. Elle tire l'homme du commerce de la vie, pour le plonger dans des spéculations chimériques. Tout ce qui est simple & naturel, lui déplaît : la vérité même perd chez elle une partie de son mérite.

C'est cette espèce de Philosophie qui a été le partage des plus fameux Misantropes(*) de l'antiquité. A force de discussions & de recherches épineuses, ils se sont trouvés au-delà du vrai. Que ce soit un paradoxe ou non, j'ose assurer qu'on arrive souvent à la folie par le même chemin qui devoit conduire à la sagesse. Il faut un jugement bien délicat pour ne s'y point méprendre. Rendons là-dessus justice à Epicure : personne n'a mieux su que lui rendre la volupté raisonnable. C'est un art charmant que celui de savoir jouir avec délicatesse des même plaisirs que le vulgaire goûte grossiérement.

―――――――――――――――――――

(*) Diogene, Chrysippe, &c.

Gassendi est le Philosophe qui a mis dans un plus beau jour les sentimens d'Epicure, & c'est aussi le Philosophe moderne que j'estime le plus. Savant sans rudesse & poli par tempérament, il n'a donné la Physique que pour ce qu'elle étoit, obscure, douteuse & souvent fausse. Il a plus insisté sur la Morale : c'est aussi la science qui devroit occuper l'homme uniquement, celle qui décide & du prix & de l'usage des plaisirs. Il est étonnant qu'on s'inquiète de tant de choses inutiles, & qu'on néglige l'art de vivre agréablement. Gassendi étoit peu jaloux de ses connoissances, même de celles qu'il devoit à la pénétration de son génie. Il ne le témoigna que trop naïvement à l'heure de la mort.

Un de ses amis le vint voir, & l'ayant entretenu quelque temps sur sa maladie, lui demanda ce qu'il pensoit foit alors. Gaffendi, après s'être bien affuré que perfonne ne pouvoit l'entendre, répondit en ces termes. *Je ne fais qui m'a mis au monde: j'ignore & quelle y étoit ma deftinée & pourquoi l'on m'en retire.* On peut compter fur une ignorance foutenue de l'étude de quarante années. Elle a moins de brillant que la fcience préfomptueufe, mais elle a plus de folidité.

Parlons maintenant du fameux Hobbes, un des plus grands génies d'Angleterre. Il penfoit avec beaucoup de liberté, & il s'exprimoit avec beaucoup de hardieffe : l'air décifif a particuliérement caractérifé fes plus beaux ouvrages. Ennemi de la fuperftition, il haïffoit tous ceux qui cherchent à entretenir la crédulité populaire. Les Théologiens furtout devinrent l'objet de fon averfion. Il méprifoit & leurs idées extravagantes & leur conduite ridicule.

Rien n'est plus honteux pour le genre humain, que de voir un nombre presque infini de personnes dans le monde, destinées uniquement à forger des chimères & à répandre des erreurs. Hobbes ne se démentit point dans sa dernière maladie. Envisageant la mort sans effroi, il lût avec plaisir plusieurs épitaphes que ses amis lui destinoient, & il dit en plaisantant qu'il leur préféroit celle-ci : *Voici la pierre du* (*) *Philosophe*. Prêt enfin à rendre l'ame, il s'écria : *Je vais faire un grand saut dans l'obscurité.* C'est à l'incertitude où se terminent toutes nos méditations. Chose plaisante! L'homme est assez habile, quand il est sincérement convaincu de son ignorance.

Hobbes avoit un foible assez re-

_____

(*) La raillerie est fondée sur ce qu'on se sert aussi en Anglois de cette expression, pour dire *la pierre philosophale*.

marquable dans un homme peu attentif aux opinions populaires. Il craignoit de se trouver seul : il redoutoit (*) la puissance chimérique des Lémures & des Sorciers. Peut-on maintenant donner une définition exacte de l'esprit fort ?

CHAPITRE XVII.
Du caractère de l'Abbé Bourdelot.

C'Est un art difficile que celui de railler finement. Une plaisanterie délicate est l'ouvrage d'un goût excellent, & le lien le plus agréable de la société. Cette matière n'est susceptible d'aucunes règles : la Nature seule doit s'en mêler. Il faut qu'elle communique à l'esprit cette politesse vive, qui empêche sûrement

(*) Voyez *la vie de Hobbes écrite en latin.*

que la conversation ne soit froide & inanimée. On tombe dans un défaut si essentiel, ou par le comique outré, ou par de fades plaisanteries. L'Abbé Bourdelot, si connu en France, évita ces deux extrêmités avec le plus grand bonheur du monde. Il étoit Médecin de Christine, Reine de Suéde, dans le temps qu'elle voulut voir tous les Savans de l'Europe : action assez burlesque pour une Princesse raisonnable ! L'Abbé Bourdelot n'épargna point ceux qui apportèrent à la Cour toute l'austérité de leur cabinet. Il en faisoit chaque jour de nouvelles plaisanteries : il attaqua particulièrement *Samuel Bochart*, & le fameux *Isaac Vossius*, qui avoient perdu parmi leurs livres cette élégance d'esprit si nécessaire à la Société. Un défaut essentiel à ceux qui ne sont touchés que d'une étude délicate, est de mépriser les sciences trop sérieuses & trop profondes. Ils ont peut-être raison: la politesse de l'esprit est préférable aux connoissances arides, & aux recherches épineuses.

Lassé de la Cour de Suède, l'Abbé Bourdelot revint en France, où il s'attacha particulièrement à M. le Prince de Condé. Il fut bientôt connu de tous les Savans de Paris, qui regardoient sa maison comme le séjour de la liberté. On s'y assembloit toutes les semaines, une ou deux fois, & la raillerie délicate n'y étoit point épargnée. L'Abbé Bourdelot entretenoit ordinairement la compagnie d'une manière polie & enjouée. Il mourut avec les mêmes dispositions d'esprit: sa vivacité naturelle ne l'abandonna point.

Le Curé de St. S.... vint l'exhorter dans sa dernière maladie. Mais peu content de son zèle, il fut frappé de la grossiéreté de ses expressions, & il le pria de lui parler en Latin. Le Prêtre étonné s'accommoda à la volonté du malade, & voulut citer un passage de St. Augustin. *Quoi! Monsieur*, dit-il, en ouvrant un œil mourant, *pouvez-vous approuver un pareil langage? mon oreille est choquée des expressions rudes d'un Afriquain.* Je n'ose décider si cette repartie est blâmable ; mais aussi doit-on l'abandonner à la critique des personnes scrupuleuses.

CHAPITRE XVIII.
Remarques sur ceux qui ont composé des vers au lit de la mort.

LE monde n'a jamais manqué de Poëtes, mais on en a vu peu qui aient expiré entre les bras des Muses. Il semble qu'elles soient trop badines pour un moment si sérieux. L'Empereur Adrien n'en a pas jugé ainsi. Philosophe jusques sur le Trône, il composa une heure avant que de mourir, ces vers pleins d'enjouement:

Ma petite ame, ma mignone,
Tu t'en vas donc, ma fille, & Dieu sçache
  où tu vas;
Tu pars seulette, nue & tremblotante, helas!
 Que deviendra ton humeur folichonne?
 Que deviendront tant de jolis ébats? (*)

On remarque au travers de la gaieté d'Adrien, un grand fond d'incrédulité sur les affaires de l'autre monde. Il étoit assez habile pour douter, mais il n'osoit examiner pourquoi il doutoit. C'est ordinairement à force d'étudier la Religion, qu'on se trouve engagé à ne rien croire. L'incertitude des grands Hommes s'établit sur les mêmes principes qui servent à convaincre le vulgaire.

Je crains d'en avoir trop dit sur une matière aussi délicate. Il y a certaines

___
(*) *Ces vers sont de la traduction de Mr. de Fontenelle.*

erreurs dans le monde, qui ont droit de paroître impunément, & de braver toute la Philosophie. Ces sortes d'erreurs sont d'autant plus à craindre, que les hommes se font une loi de ne les point combattre.

Passons de l'Empereur Adrien à quelques Savans de profession qui méritent d'avoir place dans ce Recueil. Le premier qui s'offre à mon esprit, est Elisius Calentius, Poëte célèbre à la Cour d'Alphonse, Roi de Naples. Il écrivoit avec beaucoup de politesse, & n'écrivoit que pour s'amuser : jamais personne n'a été plus propre que lui à prendre le temps comme il viendroit, & à ne point s'embarrasser du lendemain. Aussi a-t-il vécu dans une grande pauvreté, ne possédant pour tous revenus que le titre de bel esprit. Son Epitaphe le témoigne assez; c'est lui-même qui a eu soin de la composer en expirant.

Ingenium natura dedit, fortuna poëtæ
Defuit, atque inopem vivere fecit amor.

Elifius Calentius ne pouvoit mieux repréfenter fon caractère que par ces vers, où l'on voit briller beaucoup de naïveté. Combien y a-t-il de Poëtes à qui ils conviennent de la même manière ? Pafferat, par exemple, n'eut d'autres biens qu'une réputation acquife à grands frais ; il ne voulut pas même en amaffer, faifant moins de cas de toutes les richeffes du monde que de la vraie érudition. Voilà des fentimens que notre fiècle aura de la peine à approuver, & quiconque oferoit aujourd'hui les foutenir en public, fe feroit au moins traiter de vifionnaire : tant il eft vrai qu'on trouve peu de gens en état de comprendre qu'il y a quelque chofe de meilleur, par rapport à l'homme, que d'être riche.

Revenons à Pafferat. Il avoit l'efprit affez jufte, & l'on voyoit briller également en lui la vivacité de l'Orateur, & la douceur du Poëte. Il étoit du nombre de ces *hominum venustiorum* dont parle Catulle, & que nous ne pouvons bien exprimer en notre langue. Ce que je dis, est connu de tous ceux qui ont lu ses Ouvrages, & qui sont encore touchés des graces de la langue Latine. Comme Passerat aimoit à railler finement, il conserva son esprit railleur jusques dans cet Epitaphe qu'il se fit en mourant.

Jean Passerat ici sommeille
Attendant que l'Ange l'éveille,
Et croit qu'il se réveillera
Quand la trompette sonnera.
S'il faut que maintenant en la fosse je tombe,
Qui ai toujours aimé la paix & le repos,
Afin que rien ne pese à ma cendre & mes os,
Amis, de mauvais vers ne chargez point ma tombe.

On peut remarquer en passant jusqu'où alloit le bon goût de Passerat, qui ne vouloit pas qu'on le louât d'une manière peu ingénieuse. Je ne sais si ses mânes ne furent point troublés par quelque indiscret Panégyriste ; car c'est une chose difficile que de faire seulement un éloge médiocre.

Ne mettons pas au rang des louanges mauvaises & insipides, le remerciement que Mellin de Saint-Gelais fit à son Luth, de tous les plaisirs qu'il lui avoit procurés. Ce remerciement est conçu en des termes assez choisis, pour mériter l'attention du Lecteur.

Barbite, qui varios lenisti pectoris æstus,
 Dum juvenem nunc fors, nunc agitabat amor,
Persice ad extremum rapidæque incendia febris,
 Quâ potes, infirmo fac leviora seni.
Certè ego te faciam superas evectus in oras
 Insignum ad citharæ sidus habere locum.

Il est aisé de voir que Mellin de Saint-Gelais a composé ces vers presque en expirant. Attentif à se procurer des idées divertissantes, il ne pouvoit s'y prendre de meilleure grace qu'en se livrant aux Muses. Aussi ont-elles une adresse merveilleuse pour bannir toutes sortes de chagrins: leur commerce fait oublier à l'homme qu'il est raisonnable, pour le plonger dans de douces rêveries. Que sais-je si les plaisirs qui dépendent d'une imagination peu réglée, ne sont pas les plus sensibles ? Le Poëte Ronsard se voyant au moment fatal où il devoit mourir, s'avisa de faire des vers pour une maitresse qu'il aimoit depuis long-temps. La chose lui réussit : il quitta la vie sans s'en appercevoir. Quoiqu'on en puisse dire, les caractères les plus sages ne sont pas toujours les plus propres à nous rendre heureux.

CHAPITRE XIX.
Examen de quelques inscriptions assez curieuses.

IL y a certaines professions dans le monde qui paroissent méprisables en elles-mêmes; les personnes pourtant qui y excellent, sont généralement estimées. Je voudrois qu'on me pût rendre raison de cette bizarrerie.

Le métier de Courtisanne est une chose odieuse, cependant Rodope & Phryné ont paru avec éclat dans leur pays, & jamais la vertu ne leur auroit mérité autant d'applaudissemens que leur coquetterie. Assurées du goût que les hommes auront toujours pour leur métier, elles se sont mêmes crues en droit de transmettre leurs noms à la postérité par des inscriptions & des monumens; chose plaifante ! L'efprit humain fympathife tellement avec le faux, qu'on a jugé il y a plus de deux mille ans que nous ferions ridicules, & par un effet affez bizarre, les perfonnes qui ont porté ce jugement, font des Courtifannes.

Voici encore un Roi de Perfe qui n'a pas fait plus d'honneur à la poftérité. C'eft Darius I du nom ; il voulut en mourant qu'on gravât fur fon tombeau ces paroles remarquables : *J'ai pû boire beaucoup de vin & le bien porter.* Ne faut-il pas un peu trop préfumer du mauvais goût des hommes, pour vouloir gagner leur eftime par une pareille infcription ? Ou plutôt, n'eft-ce pas que les hommes font faits de manière, qu'ils aiment moins une vertu commune, qu'un vice extraordinaire ? Darius étoit buveur de profeffion, & ne fe croyoit recommandable que par ce feul endroit.

Nous avons quelques Mathématiciens, fameux par leur grande sagacité, qui ont eu soin peu d'heures avant que de mourir, de faire graver sur leurs tombeaux ce qu'ils avoient trouvé de plus neuf en Géométrie. Archimede, Ludolphe de Cologne, & l'ainé de Meſſieurs Bernouilli, ont été de ce nombre. Peu envieux de titres inutiles ils ſe croyoient aſſez bien caractériſés par leurs nouvelles découvertes, ſans avoir beſoin d'aucune autre inſcription.

Il n'y a peut-être que les Géometres qui ne doivent rien au haſard: toutes leurs recherches ſont fondées ſur un travail immenſe, les autres Savans aiment à faire plus de bruit; mais qu'on feroit tort à leur vanité, ſi l'on ne vouloit eſtimer que ce qu'ils tirent de leur propre fonds!

CHAPITRE XX.

Des grands Hommes qui n'ont rien perdu de leur gaieté, lorsqu'on les menoit au supplice.

LE courage de ces fameux criminels que leur malheur conduit sur l'échaffaut, est souvent une espèce de fureur pour conserver les débris d'une réputation mourante. Je ne sais quel désir de fausse gloire ne laisse rien alors aux mouvemens de la nature. Nos Poëtes tragiques ont fort bien connu cette dureté de courage ; ils inspirent aux Héros qui vont au supplice un air intrépide & féroce, qui s'aigrit par le ressouvenir de leur grandeur passée, & par l'approche d'une mort certaine. L'expérience nous apprend qu'on plaint ceux qui souffrent, & qu'on loue ceux qui souffrent courageusement.

rageusement. Ainsi la constance des illustres malheureux est intéressée : c'est le dernier hommage qu'ils rendent à la vertu, & c'est souvent un hommage forcé, qui ne mérite aucune estime. Je me défie de ces sentimens qui s'éloignent trop du naturel, & dont le sublime est mêlé de ridicule. Ces deux choses sont aussi voisines l'une de l'autre, que l'extrême sagesse & la folie.

On ne doit donc compter que sur le courage de ceux qui attendent nonchalamment les plus affreux supplices. Leur indifférence me paroît préférable à la vaine fierté de certains Héros qui insultent à leurs malheurs.

J'aime à voir un grand Chancelier d'Angleterre, qui continue ses bons mots, même après avoir entendu sa condamnation. On s'apperçoit bien que je parle de Thomas Morus, un de ces hommes illustres, qui se per-

H

dent par trop de mérite : c'est quelquefois le plus grand des malheurs que de penser, & sur-tout de parler autrement que le vulgaire : l'ignorance qui ne sauroit souffrir les personnes rares, se tourne en jalousie, & la jalousie quand elle manque de véritables accusations pour perdre quelqu'un, en invente. Cela s'est vu plus d'une fois dans ces temps, où l'on punissoit avec la dernière rigueur les nouveaux Sectaires ; temps malheureux, & qui ne peuvent s'ajuster avec l'honneur du genre humain. De quel droit, foibles & sujets à l'erreur, voulons-nous obliger les autres hommes à penser comme nous ?

Etienne Dolet, qu'on brûla à Paris l'an 1546, n'avoit d'autre crime qu'un trop grand attachement aux nouveaux dogmes de Calvin. On lui fit là-dessus son procès, & les Juges mal instruits ou prévenus, le condam-

qui sont morts en plaisantant. 115

nèrent au dernier supplice. Il ne perdit point sa belle humeur dans cette rencontre, & peu attentif aux discours d'un Cordelier qui l'accompagnoit, il ne cessa de plaisanter. Apparemment l'éloquence du Moine ne l'avoit guères touché. Un autre Savant, brûlé pour crime d'Athéisme à Toulouse, conserva autant de gaieté qu'Etienne Dolet, quand il fut au lieu du supplice. Ce Savant est Lucilio Vanini, célèbre parmi les esprits forts modernes : on l'accusa d'enseigner secrettement l'indifférence des Religions, & il fut condamné au feu par un Arrêt du Parlement de Toulouse. Étant sur le bucher, Vanini s'écria d'une voix distincte : *Jesus-Christ a, dit-on, craint la mort ; & moi, je suis intrépide en ce dernier moment.* Il couronna par ces paroles une vie assez libertine ; je ne parle que d'un libertinage de sentimens. Les plus honnêtes hommes parmi les Anciens y ont été fort sujets : les Aristides, les Phocions, les Socrates, ces ames roides & vertueuses, paroissoient assez indifférens sur le chapitre de la Religion. Qu'on dise après cela que l'esprit d'incrédulité est toujours une marque de débauche.

J'ai parlé ci-dessus de Phocion, pour avoir lieu de rapporter ses dernières paroles. C'étoit un homme vertueux, sans aucun ménagement. Comme on le menoit au supplice, un jeune étourdi lui cracha au visage. Il se mit à sourire, & se tournant vers les Magistrats qui l'accompagnoient, *avertissez ce personnage*, leur dit-il, *de ne pas ouvrir une autre fois la bouche si désagréablement*. C'est sans doute un ancien usage de la Justice, que de mener tuer les hommes en cérémonie. Elle étoit aussi ridicule du temps de Phocion, que de celui de Boileau : on peut craindre qu'elle ne change pas fi-tôt.

Rapprochons-nous maintenant du fiécle où vivoit le Cardinal de Richelieu. Habile dans cet Art de gouverner, qui fuppofe toujours un efprit fublime, il fçut profiter de la foibleffe d'un Roi peu éclairé, pour fatisfaire fes paffions particulières: car la vue du bien de l'état n'a point été le feul motif qui le faifoit agir. Quoiqu'il en foit, le Duc de Montmorenci, Meffieurs de Thou, de Saint-Marc, &c. ont souffert la mort avec beaucoup de fermeté. Le plus fier héroïfme ne peut aller plus loin. J'admire principalement M. de Thou, qui a le courage de fe compofer une épitaphe, & le Duc de Montmorenci, qui fe fert d'expreffions tendres & paffionnées en écrivant à fa femme. Il faut être plus que grand Homme pour entrer dans ces petits détails : il faut favoir badiner avec la mort.

CHAPITRE XXI.

Extrait de quelques pensées de Montaigne.

JE lis avec plaisir les Auteurs qui se peignent au naturel dans leurs ouvrages : on y voit régner peu d'affectation, & beaucoup de cette manière vive & agréable qui charme les personnes sensibles aux beautés naïves. Montaigne est un de ceux qui ont écrit sans art, ni préparation ; il s'est montré au Public dans son déshabillé. Simple, touchant ; mais avec cela convaincu de la méchanceté du cœur humain, il s'est fait une sorte d'esprit propre à plaire ; aussi en le lisant se sent-on forcé à l'aimer : peu d'Auteurs sont assez heureux pour cela.

Je ne sais si Montaigne est mort en

plaisantant, il étoit du moins résolu à tirer parti de ce dernier moment. *Jamais homme ne se prépara à quitter le monde plus purement & pleinement, & ne s'en desprint plus universellement qu'il s'attendoit de faire. Il ne ridoit non plus le front du pensement de la mort, que d'un autre. Il la nommoit l'unique port des tourmens de cette vie, le souverain bien de nature, seul appui de notre liberté, & commune & prompte recepte à tous maux.* Avec des sentimens si généreux, est-il étonnant qu'il ait dit, *que tout revient à un, que l'homme se donne sa fin, ou qu'il la souffre, qu'il coure au-devant de son jour, ou qu'il l'attende?* En effet, le passage de la vie au trépas doit-il être regardé comme quelque chose de si considérable? Après une sérieuse attention, on avoue ingénuement que c'est moins que rien.

Montaigne en cent endroits de ses

Essais a parlé avec éloge des morts plaisantes & *entremêlées de gaudisserie*. Voici principalement ce qu'il en dit dans le Chapitre XL du premier Livre. Je rapporte ses propres paroles.

» Combien voit-on de personnes po-
» pulaires conduites à la mort, &
» non à une mort simple, mais mes-
» lée de honte, & quelquefois de
» griefs tourmens, y apporter une
» telle asseurance, qui par opinias-
» treté, qui par simplesse naturelle,
» qu'on n'y apperçoit rien de changé
» de leur estat ordinaire : establis-
» sans leurs affaires domestiques, se
» recommandans à leurs amis, chan-
» tans, preschans & entretenans le
» peuple ; voire y meslans quelque-
» fois des mots pour rire, & beu-
» vans à leurs cognoissans, aussi-
» bien que Socrate ? Un que l'on
» menoit au gibet, disoit qu'on gar-
» dast de passer par telle rue ; car

» il y avoit un danger qu'un Mar-
» chand lui fist mettre la main fur le
» collet à caufe d'une vieille dette.
» Un autre difoit au Bourreau qu'il
» ne le touchât pas à la gorge, de
» peur de le faire treffaillir de rire,
» tant il étoit châtouilleux : l'autre
» refpondit à fon Confeffeur, qui lui
» promettoit qu'il fouperoit ce jour-
» là avec Notre-Seigneur ; Allez
» vous y en, vous, car de ma part
» je jeufne. Un autre ayant demandé
» à boire, & le Bourreau ayant beu
» le premier, dit ne vouloir boire
» après lui, de peur de prendre le mal
» de Naples, &c. & de ces viles ames
» de bouffons, il s'en eft trouvé qui
» n'ont voulu abandonner leur gau-
» differie en la mort même. Celui à
» qui le Bourreau donnoit le branle,
» s'écria, vogue la galère, qui étoit
» fon refrein ordinaire, &c. » Le
refte du chapitre mérite d'être lû.

CHAPITRE XXII.

S'il y a de la bravoure à se donner la mort.

ON prodigue un peu trop dans le monde le titre de grand Homme, & on y prend pour une vertu ce qui n'est proprement qu'une brutalité déguisée. Si je prenois pour juge l'Auteur de l'Art de penser, il avoueroit que *puisque la bravoure ôte ordinairement à l'ame la connoissance du péril, elle ne doit passer que pour une vertu machinale.* Ainsi les Héros doivent plus à leur tempérament, qu'au soin qu'ils ont de paroître tels.

N'y auroit-il en effet qu'à se tuer dans un malheur pressant, pour devenir grand Homme? Ne seroit-ce pas laisser à des passions étrangères le soin de notre réputation? On ne peut guères aimer la vie, lorsqu'on est accablé de chagrins & de douleurs cuisantes : la mort est alors un bien assez considérable, pour la chercher de quelque façon que ce soit. Je me souviens d'avoir lu, qu'au passage du Rhin, Monsieur le Comte de G... arrêta le pistolet à la main Monsieur D... qui se vouloit jetter dans la rivière des premiers. Vous seriez heureux, lui dit-il, de vous noyer aujourd'hui, un homme aussi endetté que vous ne doit point craindre la mort : mais payez-moi les deux mille louis que vous me devez, & vous passerez ensuite tant qu'il vous plaira. C'est là reprocher finement à un homme qu'il n'est brave que par nécessité, & que le désespoir est ce qui excite son courage. Certainement Monsieur D..... ne ressembloit pas à ce Romain dont Auguste fit acheter le lit. Comme on s'en étonnoit, il répondit à un de ses Courtisans ; *habenda est ad somnum culcita illa, in qua ille cùm tantum deberet, dormire potuit.*

Il n'y a jamais eu lieu au monde où tant de personnes se soient tuées volontairement qu'à Rome. Cette République s'est distinguée par la sévérité de son courage : il semble même qu'elle n'ait point mis assez de différence entre les mouvemens de la vertu héroïque & la dureté d'une humeur féroce. Saint-Evremond l'a bien reconnu dans ses remarques critiques sur le génie du Peuple Romain.

J'avouerai cependant qu'il y a des occasions où il est glorieux de se tuer ; mais il faut alors que la mort soit accompagnée de certaines circonstances, qui ne marquent ni désespoir, ni brutalité. Le Sophiste dont parle Suétone, me plaît assez. Las de lutter contre une fâcheuse maladie, il assembla le Peuple pour lui expliquer les raisons qu'il avoit de se procurer la mort. On fut étonné de sa hardiesse, & on l'approuva. Seneque le Tragique a fort bien établi le droit que les hommes ont sur leur vie ; nous acquérons ce droit en naissant, & c'est le seul qui nous met au-dessus de la nature même. Voici les vers de Seneque.

Ubique mors est, optime hoc cavit Deus.
Eripere vitam nemo non homini potest,
At nemo moriem : mille ad hanc aditus patent.

C'est une injustice que de traiter en criminel celui qui hâte sa mort. Mais les Loix sont-elles toujours conformes au bon sens, & ne varient-elles pas selon le génie de chaque Nation ? On gardoit à Marseille, aux frais du public, un breuvage préparé pour ceux qui vouloient abandonner la vie. On estimoit à Rome les Héros qui osoient se tuer. Brutus

& Cassius, ces illustres meurtriers de de Jules-César, ont passé pour les derniers des Romains. Peut-être en les nommant ainsi, n'avoit-on en vue que le courage avec lequel ils s'étoient l'un & l'autre procurés la mort?

Avouons-le de bonne foi, les idées de vertu & de vice sont assez chimériques : elles supposent autant de vanité que d'ignorance, & ce sont-là les deux écueils de l'esprit humain.

CHAPITRE XXIII.
De quelques particularités qui concernent ce sujet.

IL y a de grandes bizarreries dans la mort des hommes. Les esprits forts tombent en expirant dans les plus petites minuties de la Religion, &

les Philosophes quelquefois deviennent fous ou visionnaires. François Bacon, si connu par ses livres du rétablissement des Sciences, mourut en homme peu sensé. Sorbiere raconte qu'il laissa par son testament plus d'un million de legs, lui qui avoit mangé tout son bien. Il légua surtout quatre cens mille francs à un Collége dont il avoit formé le plan en son imagination. C'est une chose assez triste, que l'homme ne puisse pas s'assurer qu'il sera raisonnable tout le temps de sa vie.

Je ne sais si Scarron a traité la mort avec cet air burlesque qui lui étoit si naturel ; mais il a eu l'avantage de faire rire les gens de l'autre monde. C'est Ménage qui l'assure ; nous devons nous en rapporter à sa parole, car les Poëtes donnent-ils jamais de caution ?

Deliciæ procerum, tota notiſſimus urbe,
 Venerat ad ſtygias Scarro facetus aquas.
Solvuntur riſu, mæſtiſſima turba, ſilentes;
 Hîc jocus & luſus, hîc lacrimant veneres.

Un vieux Poëte a débité quelque chose de semblable en parlant de Rabelais : ses vers sont plus naturels que ceux de Menage.

 Pluton, Prince du noir empire,
 Où les tiens ne rient jamais,
 Reçois aujourd'hui Rabelais
 Et vous aurez tous de quoi rire. (*)

Je dirai en passant que les morts sont gens de grande réflexion, accoutumés à moraliser, & qui ont oublié jusques au nom de plaisanterie. Il ne falloit pas moins d'un Scarron, ou d'un Rabelais, afin de les exciter à rire. Pour Moliere, cet excellent Comique,

_____

(*) *L'Auteur de ces quatre vers est J. Antoine Baïf.*

qui sont morts en plaisantant. 119
Comique, qui a sçu joindre la naïveté à l'enjouement, il mourut presque sur le théatre, à une représentation de son *Malade imaginaire*. Un Poëte Latin a dit assez joliment, que la mort fut choquée de voir qu'il osoit la contrefaire.

Roscius hic situs est tristi Molierus in urnâ,
 Cui genus humanum ludere, ludus erat.
Dùm ludit Mortem, Mors indignata jocantem
 Corripit & mimum fingere sæva negat.

L'illustre Moliere avoit beaucoup de ce génie heureux & propre à caractériser les hommes. Il savoit l'art de donner un tour original aux pensées les plus communes ; nous n'avons rien dans les anciens Comiques qui lui soit préférable. Avec un grand attachement au plaisir, Moliere ne laissoit pas d'être Philosophe ; mais sa Philosophie peu sèche & peu aride, lui faisoit méprifer la vie, dans le temps même qu'il en jouissoit avec le plus d'ardeur. Voilà à quoi se réduit le nouveau syftême que j'ose préfenter au public ; syftême fondé fur les lumières de la droite raifon, qui nous engage à continuer en mourant le train ordinaire de notre vie.

FIN.

POÉSIES DIVERSES.

Vitiis sine nemo nascitur, optimus ille est
Qui minimis urgetur.

AVERTISSEMENT.

LE Public peut être assuré que ces Poésies partent de la même main, que les *Réflexions sur les grands hommes qui sont morts en plaisantant*. On y reconnoîtra le génie de Monsieur D * * *, hardi & entièrement contraire aux vaines bagatelles qui occupent les hommes. Peut-être échapperont-elles aux injures de certains Journalistes : du moins le public est trop judicieux pour se déclarer en faveur de si indignes Censeurs.

POÉSIES DIVERSES.

CHANSON.

Iris, je ne puis m'en défendre,
L'Amour va briller dans mon cœur;
Si le vôtre étoit aussi tendre,
Hélas! quel seroit mon bonheur!

Je vous fais un aveu sincère
Et je prends à témoin l'Amour,
Puis-je espérer pour mon salaire,
Belle Iris, un peu de retour.

LE PANTAGRUELISME.

A M. D. L. R.

MAître François, honneur du tems passé,
Et dont les sots n'ont l'ouvrage effacé,
 Dit qu'un bon Pantagruéliste
  Mieux vaut qu'Avocat ou Sophiste,
Que Chroniqueur, que dévot Papelard,
Ou Médecin à visage blaffard.
Or avez bien appris par vos lectures
  Ce qu'est pantagruéliser :
C'est du bon tems joieusement user,
  Peu lire ès doctes écritures,
  Sans remords prendre ses ébats,
N'avoir procès, ne noise, ne débats,
Chercher souvent la gente bachelette,
Point n'épargner la veuve blondelette,
Boire, manger, rire & chanter d'autant,
Sans cure avoir ni soin du demeurant.
Ainsi vivoit le très-bon Epicure,
Homme benoît, ami de la Nature,
 Qui ne cherchoit en tous ses passe-tems
 Que douce joie & vrais contentemens.

Ainſi vivons ſans remords, ſans contrainte,
Et délivrez d'une ſervile crainte,
   Bornons nos plus charmans deſirs
   A jouir des tendres plaiſirs.

CHANSON.

QUe Bacbus, que l'Amour envoie
   De tendres buveurs en ces lieux.
Jeux charmans, plaiſirs gracieux,
C'eſt à vous d'exciter la joie.
Traitons aujourd'hui la Raiſon
De Folie ou bien de Chanſon:
Que l'Amour ne ſonge qu'à boire;
Que Bachus s'enflamme en ce jour;
Faiſons balancer la victoire
Entre le bon vin & l'Amour.

A MADEMOISELLE DE BRISAMBOUR.

EN me promenant ce matin
J'ai rencontré l'Amour badin,
Plus paré qu'à son ordinaire :
Que cherchez-vous ? A qui voulez-vous
plaire ?
Lui dis-je avec un ris malin.
Ami, ce n'est point sans dessein,
Que l'Art a servi la nature
Pour rehausser votre parure.
Je vais trouver, me répondit l'Amour,
Une jeune & tendre Bergere,
Qui plaît, sans songer même à plaire ?
C'est l'adorable Brisambour.
Qu'elle a d'attraits ! ô Dieu ! qu'elle a de
charmes !
Un esprit fin, un modeste enjouement,
Un visage plein d'agrément,
Tout m'autorise à lui rendre les armes,
Et tout conspire à m'enflammer.
Jugez de son rare mérite,

Puisque l'Amour ose l'aimer......
 Mais le temps presse, je vous quitte;
 Et je crains de perdre avec vous
 Des momens qui me sont trop doux.

  Ah! qu'il faut être aimable,
  Charmante Brisambour,
Pour se faire aimer de l'Amour.
Ce Dieu si fier, si redoutable
Céde à l'éclat de vos beaux yeux:
Son goût & sa délicatesse
  Brillent dans sa tendresse.
Que votre sort est glorieux!

A MADAME DE M.***

IL est un fameux Monastère,
Bâti dans l'Isle de Cythère,
Où Dame Vénus tient sa Cour.
Là vient se reposer l'Amour,
Quand armé de sa gente flêche,
A jeune cœur il a fait brêche.
Là demeurent charmans Plaisirs,
Jeux badins, gracieux Desirs.
Là jamais ne parut Tristesse,
Mais bien douce & saine Alégresse,
Qui de si gentille maison
Pour jamais chassa la Raison,
Monstre cruel, dont la manie
S'oppose au repos de la vie ;
Là délivré de soins jaloux,
L'Amant s'exerce en l'Art de plaire
Et ne sent de bonheur plus doux,
Que de vivre avec sa Bergere.
Là Sceptres sont comptés pour rien,
Papes & Rois sont bagatelle :
Mais le cœur tendre d'une belle
Passe pour unique & vrai bien.

C'est dans ce charmant Monastère
Que d'Amour font les Rituels,
Livres fameux & solemnels :
Où par la Reine de Cythère
Sont consacrés les noms vantés
De toutes ces rares beautés,
Qui par esprit & gentillesse,
Par coups d'œil vifs, par dits flatteurs,
Ont sçu d'amour & de tendresse
Echauffer les plus nobles cœurs.

Or sachez, Dame incomparable,
Qu'avez une place honorable
Dans cet ouvrage redouté,
On y vante votre beauté,
Beaucoup plus que celle d'Hélene,
D'Andromaque ou de Polixene.
Là votre air tendre & gracieux,
Votre esprit plein de mignardise,
Vos yeux où l'Amour se déguise,
Sont décrits en style pompeux.
Bref, rien n'est passé sous silence,
Ni traits vifs, ni discours flatteurs,
Ni la troupe d'adorateurs
Asservie à votre puissance.

Rendez donc graces à l'Amour

Mais sans rougir de sa victoire :
Songez à chanter chaque jour
Et son triomphe & votre gloire.

CONTRE QUELQUES
MAUVAIS POËTES.

Obscure & vile Populace,
  Insipides Auteurs,
Qui dans les bourbiers du Parnasse
Rimez en dépit des neuf Sœurs,
Aiguisez vos plumes cyniques,
Armez-vous de traits Satyriques,
Ajoutez de monstrueux vers
A votre prose de travers.
Je ne ferai, lâches Critiques,
Que vous répondre par mes ris ;
Et c'est un assez digne prix
De vos fureurs antilyriques.

SUR LA PRISON DU ROI DE ***

LE Grand Seigneur est bon Géolier,
Bien gardera son prisonnier.
A chercheur de mainte aventure,
Convient telle déconfiture.
Ce Don Quichotte couronné,
L'honneur de la Chevalerie,
Est justement emprisonné.
Heureux, s'il l'étoit pour sa vie!
A tous Pourfendeurs de Géans
Dieu donne même destinée :
Ne tient-il qu'à tuer des gens,
Pour avoir los & renommée?

A MADAME
LA C. D. M.

SE livrer aux tendres plaisirs
Est chose que Nature ordonne :
Méprifer gracieux defirs
Est péché que Dieu ne pardonne.
Femmes font faites pour charmer
Cœur délicat qui fait aimer.
Le bon Bacchus, Dieu d'alégreffe,
Inspire mainte gentilleffe :
Par lui les Catons font maudits,
Et gens de bien font ébaudis.

Or à Bacchus, comme à Cythère,
Offrons vœux, encens & prière.
Parmi douces joieufetés,
Menons plaifante & faine vie,
Et de notre fort enchanté,
D'un rang pompeux n'ayons envie.
Pourquoi perdre d'utiles jours ?
Le temps preffe, & le plus bel âge
Est celui qu'au gré des Amours,

On livre au tendre badinage.
Qui s'affaire en ce pays-ci,
Plus malheureux fera dans l'autre.
Pour moi, qui de rien n'ai souci,
Du plaisir je me fais l'Apôtre ;
Mais je veux plaisir sans ennui,
Et qui soins n'entraîne après lui.

Or vous, en qui gît gentillesse,
Esprit, beauté, tour gracieux,
Que pensez-vous de ces bas lieux,
Où pleins d'orgueil & de foiblesse,
Les mortels pipés & pipeurs
S'agitent pour de vains honneurs ?
Bien plutôt goûtez l'avantage
D'être oisive & pleinement sage,
Préférez les plaisirs flatteurs
A l'éclat des fausses grandeurs.

SUR UNE COMPAGNIE

MAL-ASSORTIE.

Dans une Salle baſſe & fort mal éclairée,
Un cercle d'Aigrefins d'un air reſpectueux,
Entouroit du logis la Dame mal parée.
  Sa fille au teint blême, aux noirs yeux,
Effrayoit d'un regard la cohorte importune
Des flatteurs doucereux qui vouloient être
  ſiens.
  Jugez pour des Pariſiens,
    La bonne & l'heureuſe fortune !

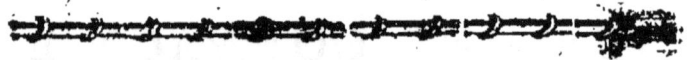

EPITAPHE
DE M****.

Ci gît à la fleur de son âge,
Un Philosophe nonchalant,
Amoureux sans être galant
Et vertueux sans être sage.
Il eut peu de dévotion,
Peu de soins, peu d'ambition.
Il regarda toute la vie
Comme un songe, une rêverie ;
Sérieux par tempérament,
Studieux par amusement,
Il suivoit la loi toujours sûre
De la bonne & douce Nature.

AU R. P. S.

CHantre fameux, qui fur les pas d'Horace
Vas te placer au fommet du Parnaſſe,
Et dont les vers doux & mélodieux
Pourroient charmer le plus puiſſant des
    Dieux,
Lis cette Epître & plains ma deſtinée.
On en vit onc de plus infortunée.

 Tel qu'une fleur qu'on flétrit en naiſſant,
Hélas! j'ai cru malade & languiſſant,
Voir les ciſeaux de la Parque ennemie
Prêts à trancher une mourante vie.
Preſſé d'un mal juſtement abhorré,
Le corps fans force & l'eſprit égaré,
A chaque inſtant je ſentois la lumière
Se dérober à ma foible paupière.
J'avois perdu de ma frêle raiſon
L'uſage entier, & le mortel poiſon
Qui dans mon corps couloit de veine en
    veine,
Sembloit hâter la mort triſte & certaine.

L'Auteur compoſa cette Epître peu de jours après qu'il fut relevé de la petite vérole.

Déja confus & du mal étonné,
Le Médecin m'avoit abandonné.
Déja faifi d'une infernale joie,
Le noir Pluton couvoit de l'œil fa proie,
Et le cœur plein d'un lugubre fuccès,
Jà me comptoit au rang de fes Sujets.
Peu s'en fallut : j'allois d'un pas rapide
Prendre féance au Manoir ténébreux,
Dernier féjour des Mortels malheureux.
L'affreufe Mort ! hélas étoit mon guide.
Je la fuivois : la noire Deïté
Tenant en main fon flambeau redouté,
Me conduifoit à travers les ténèbres,
Lieux pleins d'horreurs, lugubres & funébres;
Quand tout à coup elle fit un faux pas.
Je m'écriai. De dépit & de rage
La mort n'ofa parfaire fon ouvrage,
Et moi fuyant les horreurs du trépas,
Je rappellai ma chaleur engourdie.
Lors à mes yeux toute ma maladie
Parut un fonge, Enfant du noir fommeil;
Mais que bientôt diffipe le réveil.
Depuis ce jour, de la mort abufée
Le piteux cas divertit ma penfée.

 Ah ! qu'il eft doux de fe reffouvenir
Des maux divers que l'on a pu souffrir !
 Ainfi l'on voit le Nautonnier paifible,

Qui dans le port goûte un charmant repos,
Peindre l'horreur d'un naufrage terrible,
Les Aquilons mutinés & les flots.

Douce Santé, toi que mon cœur préfère
Aux vains tréfors que prife le Vulgaire,
Bien précieux, objet de mes defirs,
Vient dans ces lieux ranimer les Plaifirs,
Les Jeux, les Ris, la charmante Alégreffe
Et les Amours & l'heureufe Tendreffe.
Hélas! fans toi d'un folide bonheur
Peut-on trouver le veftige flatteur?
Sans toi l'éclat d'une haute naiffance,
L'honneur brillant, l'immortelle fcience,
Et les tréfors d'Attale ou de Créfus,
Ne font pour moi que des biens fuperflus.

ODE
A MONSIEUR D***
SUR LA RETRAITE.

O Toi, qui du monde flatteur
A reconnu l'éclat trompeur,
Et qui de l'homme méprisable
Plains la baffesse déplorable :
Ami, dans ces tranquilles lieux,
Où loin de l'affreuse licence,
Regne l'aimable nonchalance,
Cherchons un bonheur gracieux.

Doux repos, hélas ! que mon cœur
Est touché de votre douceur !
Que j'aime cette folitude,
Où l'on vit fans inquiétude,
Où jamais de la vanité
L'on ne connut l'éclat funeste !
C'est toi, monstre, que je déteste,
Qui trouble notre liberté.

En vain fous des lambris pompeux,
On croit goûter un fort heureux:

La noire tristesse environne
La plus éclatante couronne,
Et souvent le plaisir naïf
S'échappe d'une Cour fleurie,
Pour assaisonner la folie
D'un indolent & sage oisif.

Vous, qui dans les brillantes Cours
Passez vos plus fortunés jours,
Qui par une vertu barbare
Suivez l'honneur qui vous égare,
Ah ! concevez tous vos malheurs.
L'ambition à l'œil perfide,
Vous sert de tyran & de guide :
Seule, elle anime vos fureurs.

Arrêtez, coupables mortels !
A qui dressez vous ces Autels...?
Dieux ! la trahison y préside.
Sous ses pieds la vertu timide
S'abandonne à de tristes pleurs.
Fortune sanglante & cruelle,
Toi, qu'adore un peuple rebelle,
N'insulte point à ses malheurs.

Que dis-je ? L'aimable équité
Gémit dans la captivité,
Et de ses dépouilles ornée,
Brille la licence effrénée.

Je vois le Sage malheureux
Pousser une plainte importune;
Mais favori de la fortune,
Le méchant jouit de ses vœux.

L'ivresse d'un fatal poison
Rend l'homme sourd à la raison.
Tout en lui n'est qu'un fol caprice.
Tantôt la cruelle avarice
Remplit son cœur de vains desirs.
Tantôt au gré de sa tendresse,
Une Laïs enchanteresse
Le livre à d'indignes plaisirs.

Oui, je vois le monde pervers
En proie à d'infames travers :
J'y vois briller l'extravagance,
Et l'injustice, & l'ignorance.
Orgueilleux, mais foibles mortels;
D'un Dieu vengeur tristes victimes,
Jusques à quand aux plus grands crimes
Eleverez-vous des Autels ?

Ah ! cherchons un lieu retiré,
Qui soit des humains ignoré :
Séjour de la paix desirable,
Où jamais la guerre implacable
Ne porta ses noires fureurs.
Là dans l'ignorance profonde

Des maux qui déchirent le monde,
Nous goûterons mille douceurs.

Heureux l'homme qui vit pour soi !
Il est son modèle & son Roi.
Il suit de la sage Nature
La voix toujours aimable & sûre.
Soigneux de consulter son cœur,
Il en connoît le vrai systême,
Et ne se tend point à lui-même
Le piége d'un crime flatteur.

Tous les jours se levent pour lui,
Exempts de chagrin & d'ennui.
Le présent flatte sa pensée,
Mais jamais son ame blessée
N'a craint un avenir douteux.
Satisfait de la jouissance
Des biens remis en sa puissance,
Il goûte un repos précieux.

PRIÈRE
D'UNE (*) VIEILLE COURTISANE,

En consacrant à la Déesse Vénus son Miroir.

LAïs, qui mit sa gloire à servir les Amours,
Vient t'offrir, ô Vénus, ce seul bien qui lui reste.
   Qu'il ne te soit jamais funeste,
   En te rappellant tes beaux jours;
   Que ce Miroir juste & fidèle
   Te représente toujours belle.
Pour moi, qui de l'amour ignore l'agrément,
Dont les yeux ont perdu leur air vif & charmant,
   Je n'ose plus songer à plaire.
   Ah! que je serois téméraire

(*) Ces vers sont imités d'une Epigramme Latine d'Ausone.

De vouloir dans ce jour, peu sûre de mes traits,
Chercher encor en moi quelques foibles attraits !
Je ne puis, malheureuse, offrir à ma pensée
Qu'un triste souvenir de ma beauté passée.

A MONSIEUR S***

MÉDECIN.

Docteur fameux, qui sais de la Sagesse
Par dits badins éjouir l'âpreté,
Et qui cherchant la douce volupté,
As de ton cœur banni vaine tristesse :
Lis cette Epître, où sont propos joyeux,
  Traits naïfs & tours gracieux,
Qui ne plairont ès esprits populaires,
Remplis d'erreurs & de sottes chimères,
Mais à toi seul, à tes amis charmans,
J'offre mes vers; & ma Muse badine
Point n'a cherché les applaudissemens
  De la Populace chagrine.

A la raison jadis tous les mortels

Offroient encens, élevoient des autels.
Loin d'eux encore habitoit l'imposture,
La trahison, l'erreur, la vanité
  Et la sotte crédulité.
Chacun soigneux d'écouter la Nature,
Point n'estimoit immodérés plaisirs,
Qui sont sujets à vaine repentance ;
Mais par flatteuse & douce accoutumance,
Savoit régler ses vœux & ses desirs.
N'étoit alors mention de Digeste,
De Loix, de Code ou de Procès funestes.
Nul ne péchoit : aussi ne savoit-on
  Le plaisant & burlesque nom
  Ou de Grand'Chambre ou de Tournelle.
  Aucun fat mollement couché
Sur un harnois de Fleurs de Lis jonché,
N'avoit encore au bon Droit fait querelle.
  Tout étoit également bon,
Car tout étoit réglé par la Nature :
Le moins savant pensoit en Epicure,
Et vivoit mieux que le divin Platon.
On ne voyoit pour lors dévots à gages,
  Pédans caffards, pieux vauriens,
Riches pasteurs & sots paroissiens,
  Enfin tous ces menus usages
  Qui du Vulgaire garrotté
  Fomentent la crédulité.

Quand tout à coup de la cave infernale
Sortit l'ignorance fatale.
A ses côtés marchoit l'erreur,
Monstre cruel, savant Prothée,
Aux yeux malins, au ris moqueur,
Qui s'écria d'une voix concertée :
Quoi ! parmi ces mortels heureux
Regnera toujours la Justice ?
Que par un triste sacrifice,
La Vérité céde à mes vœux.
Aussi-tôt elle se déguise,
Et sous le visage emprunté
De maint Docteur à barbe grise
Elle chassa la Liberté.
D'extravagance & de fatuité
L'humaine race alors fut abreuvée.
On vit expirer l'Equité.
La raison triste & bafouée
Vers les Cieux reprit son essort.
Pour s'aveugler chacun fit maint effort,
Et renviant sur ses propres chimères,
Voulut du faux arborer les bannières,
Et se soumettre à ces noirs documens.
A vint cependant que restèrent
Au monde encor quelques honnêtes gens,
Qui des sots très-bien se raillèrent,
Tels sont ces sublimes Esprits

Qu'arma la piquante Satyre,
Et dont les solides Ecrits
Font aujourd'hui qu'on les admire.
Tels serons-nous, si du bon sens
Ecoutons les vrais mouvemens,
Et si devenus raisonnables,
Ne recevons de chimériques fables.

A MONSIEUR B.***

Toi, qui par ta délicatesse
Nous rends aimable la sagesse,
Et dont l'éloquente douceur
Flattant l'esprit, touche le cœur ;
Savant maître dans l'art de plaire,
Apprend ce que tu dois penser
De certain discours (*) populaire,
Qui certes a dû m'offenser.
    Est-il rien de plus ridicule
Qu'un homme sain & dégagé

(*) On fit courir le bruit qu'étant fort malade, j'avois consulté je ne sais quel Charlatan, qui prétendoit avec de simples paroles guérir les plus cruelles maladies.

D'un contagieux préjugé,
Qui devient à la mort crédule,
Se laisse mener par le bec,
Et semblable aux ames vulgaires,
Implore de vaines chimères ?
Ainsi fit jadis certain Grec,
Homme de vertu reconnue,
Et qui faisoit profession
De braver toute illusion.
Il ne put soutenir la vue
Ni les approches du trépas
Sans tomber dans d'étranges cas,
Et se livrer ès mains impures
Des hardis fauteurs d'impostures.
Bien duit-il à certaines gens,
Dont on renomme l'ignorance,
De manquer de persévérance ;
Mais de tout homme de bon sens
Le caractère est la constance.
Pour moi, qui dès ma tendre enfance
Ai su, libre en mes sentimens,
Me parer des faux jugemens,
Conduit par un guide fidèle,
Mon premier maître & mon modèle,
J'ai voulu de la vérité
Suivre la douce autorité.
Sans dépendre d'aucun systême,

Hardi,

Hardi, j'ai pensé par moi-même.
J'ai lu, j'ai cherché, j'ai douté,
Cinq ans entiers j'ai médité :
Et tous mes soins, toutes mes peines
Ne m'ont rendu que plus douteux,
Plus perplexe & plus soupçonneux.

Que de croyances incertaines,
Que d'erreurs, que d'obliquités,
Que de fades ambiguités
Rendent, hélas ! l'humaine engeance
Un théatre d'extravagance !

Ainsi du vulgaire hébêté
J'ai plaint le funeste servage,
Et par un chemin écarté,
Je me suis tiré d'esclavage.
Pour toi, qui sais mes sentimens,
Ami, dédaigne la sottise
D'un peuple qui se tympanise,
En me prêtant ses erremens.
Crois moi: l'intérêt ni la crainte
Ne me feront jamais masquer,
Et quoiqu'on use de contrainte,
L'erreur ne pourra m'offusquer.
Quoi ! j'aurois pû de cent sornettes
Railler en parfaite santé,
Et puis au moment redouté,
(Temps que craignent les femelettes)

L

On m'eut vû plein d'égaremens,
Trahir mes premiers sentimens.
Non, non : de pareilles bassesses
Mon cœur ne fut point infecté,
Et sage dans sa vanité,
Il sait mieux cacher ses foiblesses.
    Mais c'est assez t'entretenir.
Je vais donc ma lettre finir,
En te souhaitant longue vie,
Sans chagrin, sans mélancolie,
Corps sain, esprit hilarieux,
Et plaisirs approuvés des Dieux.

F I N.

ÉPITAPHES
ET
AUTRES PIÈCES
PLAISANTES.

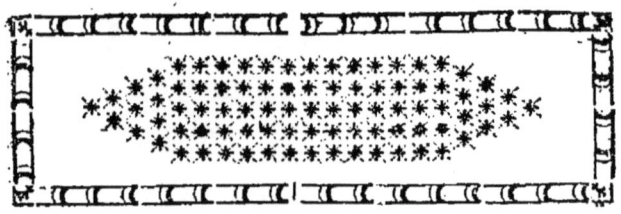

ÉPITAPHES
ET
AUTRES PIÈCES
PLAISANTES.

ÉPITAPHE
D'ADAM ET D'ÉVE.

Hic jacet non natus,
Attamen defunctus :
Hic jacet defuncta,
Attamen non nata.

DE LOTH.

Ci Loth, sa Femme en sel, sa Ville en cendre,
Il but & fut son gendre.

DE MONSIEUR DE LANGRES.

Monsieur de Langres est mort Testateur olographe,
Et vous me promettez, si j'en fais l'Epitaphe,
Les cent écus par lui légués à cet effet.
Parbleu, l'argent est bon dans le temps où nous sommes.
Payez. Le voilà fait.

DU MÊME.

CI-gît un très-grand Personnage,
  Qui fut d'un illustre Lignage,
  Qui posséda mille vertus,
Qui ne trompa jamais, qui fut toujours
    fort sage.
  Je n'en dirai pas davantage:
  C'est trop mentir pour cent écus.

D'UN EVÊQUE DE LANGRES, GRAND JOUEUR.

LE bon Prélat qui gît sous cette pierre,
Aima le Jeu plus qu'homme de la terre;
Quand il mourut, il n'avoit pas un liard:
Et comme perdre étoit chez lui coutume,
S'il a gagné Paradis, on présume
Que ce doit être un grand coup de hasard.

D'UN FOL.

CI-gît un fol nommé PAQUET,
Qui mourut d'un coup de mousquet,
Lorsqu'il vouloit lever la crête :
Certes, je pense que le sort
Lui mit du plomb dans la tête
Pour le rendre sage à la mort.

D'UNE FEMME
PUBLIQUE.

CI-gît PAQUETTE CAVILLIER,
En son petit particulier (*).

(*) *Cette Epitaphe est au Cimétière des Saints Innocens à Paris.*

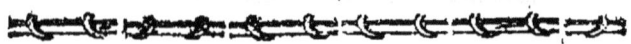

D'UN DOCTEUR.

CI-gît très-savante personne,
Qui se nommoit maître GIPARD,
Des Docteurs avoit la couronne,
Dieu ait à son ame égard,
Le priant plutôt que plus tard
De le prendre en sa compagnie,
Et de l'ôter du feu qui ard,
Car plein étoit de Prud'hommie.

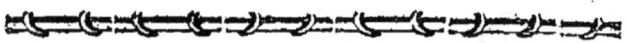

D'UN PHILOSOPHE.

NUd du Ciel je suis descendu,
Et nud je suis sous cette pierre ;
Donc pour venir sur la terre
Je n'ai ni gagné ni perdu.

D'UN AVARE.

Le plus avare homme de Rennes
Repose sous ce marbre blanc :
Il mourut exprès le premier jour de l'an,
De peur de donner des Etrennes.

AUTRE

D'un Avare qui mourut peu de temps après l'établissement de la Capitation.

Pour éviter la Capitation,
Dom Augustin eut recours à la Parque.
Il crut par là trouver l'exemption ;
Mais comme il fut prêt d'entrer en la Bar-
      que,
Voyant Caron, qui, l'arrêtant au bord,
Lui demanda le tribut ordinaire :
Hélas ! dit-il, que le Sort m'est contraire!
Par tête on paie encore après la mort.

D'UN FOURBE.

CI-gît à qui malice & fraude étoit commune,
Dieu veuille avoir son ame, au cas qu'il en ait une.

D'UN ABBÉ
DE CLAIRVAUX.

AUriculas asini meritò fert improbus Abbas,
Quod Monachis Pintas fecerit esse breves.

DE JEAN
ET D'ELISABETH.

CI-dessus gît mon Frère JEAN,
Nous le verrons au Jugement
Avec ma Sœur ELISABETH,
Si benè fecit, habet.

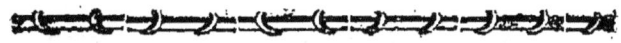

DUN DÉBAUCHÉ.

JE suis mort d'amour entrepris
Entre les bras d'une Dame :
Bienheureux d'avoir rendu l'ame
Au même endroit où je l'ai pris.

D'UNE BELLE DAME
MORTE EN COUCHE.

CI-gît, morte au printems de sa verte
  jeunesse,
  GLICERE, nouvelle Psiché,
Dont les divins appas inspiroient la tendresse,
Et qu'on ne vit jamais sans en être touché.
Venus, pour s'affranchir de la douleur cruelle
De se voir préférer cette aimable Mortelle,
Dans un Accouchement lui fit perdre le
  jour ;
  Mais la jeune & belle GLICERE
Triomphant de Venus, en mourant devint
  mère
  D'un enfant plus beau que l'Amour.

AUTRE.

ENtre vous qui par ici passés
Ne priez pour les Trépassés;
Priez plutôt qu'il gele fort,
Car s'il dégele, je suis mort.

AUTRE.

CI-gît d'un air enjoué,
L'ame de tout soin franche & quitte,
Dit en mourant: Dieu soit loué,
Je ne ferai plus de visite.

Un galant Homme fatigué des visites qu'il avoit été obligé de faire pendant sa vie, fit à ce sujet cette Epitaphe, pour être gravée sur sa Tombe.

D'UN TRACASSIER.

Ici gît le sieur DE LA BONNE,
Qui tracassoit plus que personne;
Il s'en venoit, il s'en alloit,
Il ne savoit ce qu'il vouloit :
On doute même s'il repose
Au reposoir de toutes choses.

D'UN MARÉCHAL.

CI-gît JACQUES LE MARÉCHAL,
Lequel en tombant de cheval,
Se fit au cul, sans vous déplaire,
Deux grands pertuis, sans l'ordinaire.

D'UN CURÉ.

Hic malè jacet	Dans cette Fosse
Et benè tacet	Notre Curé,
Magister Rochus,	Roch DE LA CROSSE,
Noster Parochus,	Gît enterré,
Qui non divini	Qui n'avoit cure
Cantûs, sed vini ;	De Chant divin
Nec animarum,	Ni d'Ecriture,
Sed fœminarum,	Mais de bon vin :
Tunc cùm vivebat,	Au soin des ames
Curam gerebat.	Vaquant fort peu,
Viris amatus	Jouant beau Jeu
Eò quod bibax,	Avec les Dames ;
Fœminis gratus	D'elles chéri
Eò quod salax ;	Pour la couchette,
Illi bibaces	Et des maris
Illum bibacem	Pour la buvette :
Vellent sub tecto ;	Mais ni cocus,
Illæ Salaces	Ni leurs femelles
Illum salacem	De ses nouvelles
Vellent in lecto ;	N'entendront plus,
Sed neutris adest,	Car dans la terre,
Nam clausus his est.	Sous cette pierre,
	Il est reclus.

D'UN DÉBAUCHÉ.

*Qui blandæ Veneri cunctos sacraverat annos,
Non aliter vitam linquere dignus erat.*

DE MAITRE GAULARD.

Ci-dessous gît maître Gaulard,
Je suis bien marri de sa mort;
Mais il faut mourir tôt ou tard,
Puisqu'il est mort il a donc tort.

ÉPITAPHE

Qui se trouve dans un Cimétière d'Orléans.

*Omnia transibunt, nos ibimus, ibitis, ibunt,
Ignari, gnari conditione pari.*

D'UN HOMME DOUX.

CI-gît qui vivoit doucement,
Sans être incommode à personne,
A sa mort même expressément
Il a défendu que l'on sonne.

D'UN COURTISAN.

CI-gît un Courtisan,
Qui d'espoir se repût :
Jadis il sentoit bon le musc & le safran ;
Mais maintenant, hélas ! il put.

D'UNE DÉVOTE.

CI-gît une Dévote, & qui fut des plus
franches,
Qui sous de modestes atours
Alloit à Vêpres les Dimanches :
Que faisoit-elle les autres jours ?
C'est une autre paire de manches.

D'UNE DAME

Qui mourut en pétant.

Vous, qui passez, priez pour cette Dame,
Qui, en pétant, par le cul rendit l'ame.

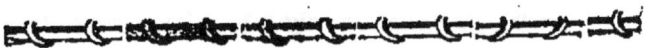

DE L'ÉVÊQUE
DE LUÇON.

Ci-gît & qui dort d'un bon somme,
Monsieur l'Evêque de Luçon,
Qui d'argent avoit trouvé somme.
Plût au bon Dieu que je l'eussons !

DE COLAS.

Colas est mort de maladie,
Tu veux que j'en plaigne le sort :
Que diable veux-tu que j'en die ?
Colas vivoit, Colas est mort.

D'UN COCU.

Ici gît Nicolas Tuyau,
Que de trois femmes fut truyau :
Il l'eut été d'une quatrième,
Mais il n'étoit qu'à sa troisième.

D'UN NOMMÉ CHRÉTIEN

Qui avoit toujours bu sur une table de pierre, qui fut mise sur son Tombeau.

Le bon Chrétien qui m'a fait faire,
Buvoit sur moi, faisant grand'chère.
Las ! il est mort ; il n'y boit plus.
Ci-gît dessous, qui but dessus.

D'UN HOMME DE RIEN

Et sans naissance, devenu riche & puissant.

Terra tegit terram.

DE MOLIERE.

Passant, ici repose un qu'on dit être mort,
Je ne sais s'il vit ou s'il dort.
La maladie imaginaire
Ne peut pas l'avoir fait mourir;
C'est un tour qu'il joue à plaisir;
Car il aimoit à contrefaire;
Quoiqu'il en soit, ci-gît Moliere:
Comme il étoit Comédien,
S'il fait le mort, il le fait bien.

DU MÊME.

Roscius hic situs est tristi MOLIERUS
in urnâ,
Cui genus humanum ludere ludus erat.
Dùm ludit Mortem, Mors indignata jocantem
Corripit, & mimum fingere sæva necat.

DU MÊME.

CI-gît qui parut sur la Scène
Le Singe de la vie humaine,
Qui n'aura jamais son égal ;
Qui voulant de la mort, ainsi que de la vie,
Être l'Imitateur dans une Comédie,
Pour trop bien réussir, y réussit fort mal ;
Car la mort en étant ravie,
Trouva si belle la Copie,
Qu'elle en fit un Original.

DE GRIFFE,

Célèbre Imprimeur Allemand.

LE grand Griffe, qui tout griffe,
A griffé le corps de Griffe.

DE CHARLES - QUINT.

HIc qui jacet intus,
Fuit CHAROLUS-QUINTUS :
Dic pro illo bis vel ter
Ave Maria & Pater noster.

D'UN AVARE.

Silvius (*) hic situs est gratis qui nil dedit unquàm,
Mortuus est, gratis quod legis ista, dolet.

TRADUCTION
D'HENRI ETIENNE.

Ici gît SILVIUS, auquel onc en sa vie
De donner rien gratis ne prit aucune envie,
Et ores qu'il est mort & tout rongé de vers,
Encor a-t-il dépit qu'on lit gratis ces vers.

DE MONSIEUR
CHERAC.

Ici gît Monsieur de CHERAC,
Qui baisoit *ab-hoc* & *ab hac*.

(*) Professeur en Médecine à Paris.

AUTRE.

CI-gît le gros MARTIN, ce n'est pas grand dommage,
Il n'eut pas fait grand bruit, quand il eut plus vécu.
Il eut, quand il vivoit, tous les traits du visage
Ressemblans si très-fort à ceux-là de son cul,
Que lorsqu'il décéda, son ame triste & louche
S'envola par le cul, le prenant pour la bouche.

DE MONSIEUR DE LA FONTAINE.

JEAN s'en alla comme il étoit venu ;
Mangea son fonds après son revenu,
Et crut les biens chose peu nécessaire :
Quant à son temps, bien le sut dispenser,
Deux parts en fit, dont il souloit passer,
L'un à dormir & l'autre à ne rien faire.

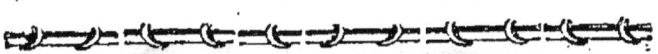

DE REGNIER,
Poëte Satyrique.

J'Ai vécu sans nul pensement,
Me laissant aller doucement
A la bonne loi naturelle.
Ceci m'étonne fort pourquoi
La mort osa songer à moi,
Qui ne songea jamais à elle.

ÉPITAPHE
Qui est dans l'Eglise des Cordeliers de Troyes.

CI repose & gît LOUIS DUVAL, Ecuyer, en son vivant, Seigneur Haut-Justicier, Moyen & Bas de la Terre & Seigneurie de Fay, de Bois, &c. lequel décéda dans cette ville de Troyes, le dernier Décembre l'an 1602, & qui de son vivant avoit donné tous ses biens à son Fils, réservant pour lui les usufruits sa vie durant. Il prie ceux qui liront cette Mémoire de prier Dieu pour lui, & de ne pas faire comme lui, car il s'en est mal trouvé.

DE MONSIEUR COLBERT,

PAR UN PAYSAN.

C'Eſt Colbert qui git ici,
Trop tôt venu, trop tard parti.

VERS D'UN GASCON,

Sur la promeſſe que le Prince de Condé avoit fait de mille écus à celui qui feroit la meilleure Epitaphe pour feu ſon Père.

POur publier tant de vertus,
Et bien chanter tant de hauts faits de gloire;
Mille écus ! Rien que mille écus !
Ce n'eſt pas un ſol par bictoire.

D'UN GRAND PARLEUR.

Hic tacet.

LES QUATRE VERS *DE MAYNARD,* EN SA RETRAITE.

Las d'espérer & de me plaindre
Des Grands, des Muses & du Sort,
C'est ici que j'attends la mort,
Sans la desirer ni la craindre.

EPITAPHE
Qui suit les Vers précédens.

INveni portum, spes & fortuna valete
Nil mihi vobiscum, ludite nunc alios.

DU CARDINAL MAZARIN,
Par un Officier Suisse mécontent.

Ci-gît un Pocre d'Italie,
Qui me cassit mon Compagnie.

D'UNE MÉCHANTE FEMME,
Par son mari.

CI-gît ma Femme ; Ah ! quel est bien,
Pour son repos & pour le mien.

DE MALHERBE,
Poëte.

L'Apollon de nos jours, MALHERBE,
 ici repose.
Il a vécu long-temps sans beaucoup de sup-
 port,
En quel siècle ? Passant, je n'en dis autre
 chose.
Il est mort pauvre, & moi je vis comme
 il est mort.

DU CARDINAL DE RETZ.

Ille inquietus, hic quiescit GONDIUS.

D'UN MÉDECIN.

Hac sub humo per quem tot jacuere jacet.

DE GAZA-CHRIST,

Prétendu, ou soi-disant, Roi d'Ethiopie, mort à Ruel en 1638.

CI-git le Roi d'Ethiopie,
Soit original ou copie,
La mort a vuidé les débats
Si Roi fut, ou ne le fut pas.

DE PIERRE L'ARETIN,

Poëte impie & athée.

CI-gît l'ARETIN, qui tant qu'il a vécu a médit de tout le monde, excepté de Dieu, duquel n'a point parlé, ne le connoissan pas.

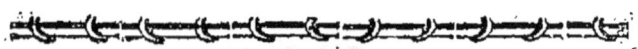

AUTRE.

Qui giace l'Aretino, Poëta Tosco;
Che d'ognun disse mal fuorche d'Iddio
Scusandosi col dir io non lo conosco.

AUTRE.

Le temps par qui tout se consume,
Dans cette pierre a mis le corps
De l'Aretin, de qui la plume
Blessa les vivans & les morts:
Son encre noircit la mémoire
Des Monarques, de qui la gloire
Est vivante après le trépas;
Et s'il n'a pas contre Dieu même
Commis quelque horrible blasphême,
C'est qu'il ne le connoissoit pas.

EPITAPHE IRONIQUE

Du Chancelier, & Cardinal du Prat, par Beze; ledit du Prat étoit un homme fort gros.

Hic jacet Vir amplissimus.

Mr. de la Monnoye a rendu ce latin en deux petits vers.

Ici dessous gît tout à plat
Le puissant Chancelier DU PRAT.

DU SIEUR LAUGEY

DU BELLAY,

Commandant, Gouverneur du Piémont sous François I.

CI-gît LAUGEY, qui de plume & d'épée
A surpassé Cicéron & Pompée,

AUTRE.

PAR MAROT.

ARrête-toi, lisant,
Ci-dessous est gissant,
Dont le cœur dolent j'ai,
Ce renommé LAUGEY,
Qui son pareil n'eut pas,
Et duquel au trépas
Jettèrent pleurs & larmes
Les Lettres & les Armes.

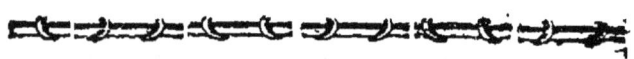

DE BALIN,

NOTAIRE.

ENtre la Chapelle saint Eme,
Et la Chapelle saint Paulin,
Repose maître PAUL BALIN,
Notaire & Martyr du système,

DE M. POUSSIN,
Fameux Peintre.

Hic tacet & jacet
In Tabulis vivit & eloquitur.

DU PÈRE ANDRÉ.

Hic tacet in cineres, quem deflent hæc
  Mulieres,
Presbiter Andreas qui vitiabat eas.

D'UN CHEVALIER
Qui fut plutôt Chevalier que Gentilhomme.

Ci-gît un fort homme de bien,
Aimant l'autrui comme le sien ;
Son père étoit bon roturier,
Et lui à tort fait Chevalier,
Jamais armé, fors qu'en peinture ;
Priez Dieu pour la créature.

SUR UN DOCTEUR,

Qui étoit fort méchant perfonnage.

DEtus eft mort, veux-tu favoir,
Chacun dit que c'eft grand dommage,
Je le crois bien pour le favoir,
Mais non pas pour le perfonnage.

D'UN MECHANT.

CI-gît qui n'acquit autre bien,
Sinon bruit de ne valoir rien.

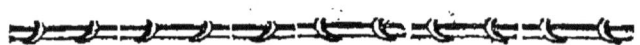

D'UN CHICANEUR.

DU plus grand Chicaneur qu'on pourra
jamais voir,
En ce tombeau glacé gît la dépouille morte:
Pluton, hôte commun, ne le veut recevoir,
De peur qu'en fon pays la chicane il ne
porte.

D'UN ATHÉE.

J'Ai vécu sans ennui, je suis mort sans regret,
Je ne suis plains d'aucun, n'ayant pleuré personne :
De savoir où je vais, c'est un autre secret.
J'en laisse le discours aux Docteurs de Sorbonne.

D'UN CAPITAINE

Lâche & libertin.

UN homme gît sous ce tombeau,
Qui ne fut vaillant qu'au bordeau ;
Mais au reste plein de diffame :
Ce fut pour vous le faire court,
Un Mars au combat de l'Amour ;
Au combat de Mars une femme.

D'UN COCU.

SI les Cocus, Dieu ait leur ame,
En l'autre monde ont quelque rang;
Ci-gît, grand merci à sa femme,
Celui qui sied au bout du banc.

D'UN IVROGNE.

Celui qui eut sa sépulture
Close sous cette roche dure,
Plutôt que de boire de l'eau,
Se laissa mourir comme un veau;
Passans, à qui cette écriture
Racontera cette aventure,
N'offrez pour son ame un flambeau,
Ni quelque *Requiem* nouveau,
Versez lui du vin sans mesure,
Afin que la mémoire en dure.
On ne peut orner son tombeau
D'un anniversaire plus beau.

D'UN RELIGIEUX

Nommé Pater à Cornibus, *aliàs* Seraphinus, *composé par* F. P. B. *l'an* 1542.

Dulcia confracto fileant modulamine
 cornu,
Triftior & trifti prodeat ore fonus,
Alta trahunt mæftâ gefta fufpiria mente,
 Eukeros occubuit, morte vocante, Petrus.
Faut-il, hélas, ô *Doctor optime,*
Que vous perdions *hifce temporibus*,
Au grand befoin, *Doctor egregie,*
Vous nous laiffez *plenos mæroribus.*
Hélas! hélas! *Pater à Cornibus,*
Tant nous eft dueil *deflere funera,*
Tant eft amer *Parifienfibus*
Être privé *tuâ præfentiâ.*
 Impia Cornutum rapiunt fic fata Minorem,
  Major ut hoc vafto rarus in orbe fores.
Magnis major erat, vita mininùfque Minorum,
 Doctior & doctis, ab perit omne decus!
Trop connoiffons *hæc noftra tempora*

Être remplis *calamitatibus* :
Car nous voyons *lites & jurgia*
Trop s'augmenter *his nostris finibus*.
Hélas! hélas! *Pater à Cornibus*,
Secourez-nous *precibus sedulis* :
Ou autrement, *victi laboribus*
Succomberons *in rebus arduis.*

Franciscana gravi proles orbata parente,
 Tristior emissis questibus astra replet.
Deflet & insignis patrem virtute probatum,
 Plangit, quem subito funere meta tulit.

Le cas va bien ; *gratia superis*,
Vous connoissez *certâ scientiâ.*
Les grands abus *hujusce temporis*,
Qu'un chacun fait *magnâ licentiâ.*
Ne voit-on pas *cædes & vulnera*,
Tant d'autres maux *in civitatibus*,
Et qui pis est, *Christi Ecclesia*
Laboure fort *falsis dogmatibus.*

En celeri mæstos ut linquit suâ morte ma-
 thêtas.
 Ut suâ profusis fletibus ora rigant.
Sic felix miseros præcedit morte minores,
 Hos ut moneat morte citante sequi.

Tant en voyons *vanis erroribus*
Être aveuglés *atque cupidine*,
Et outre plus *congestis opibus*
Quand nous faudra *de cunctis actibus*
Prendre plaisir *nullo descrimine*,
Que ferons-nous *statuto tempore*
Rendre raison, *illo examine*,
Être punis *ignis ardoribus* ?

Nos gemitus angunt, fletus, lamenta, do-
  lores,
  Et lacrymæ, luctus, cura, querela, labor;
En procul abjectis risu, clamore, cachinno,
  Plangimus occasus, optime Petre, tuos.

Hélas ! hélas ! *Pater à Cornibus*,
Pleurer nous faut *privati magistro,*
Pleurer nous faut, *excussis fletibus:*
Pleurer nous faut *periit religio:*
En tous Etats *regnat ambitio,*
En vous étoit *nostra fiducia*,
Que pourriez, *juvante Domino*,
Nous secourir *in re tam dubiâ.*

An tua tam clarum fecerunt cornua numen?
  An pietas, mores, cum probitate decus?
An sacra divini potiùs sapientia juris?
  An sudor, studium? perpetuùsque labor?

Las ! nous voyons *mortis invidiâ*
Qu'êtes ravi *è mundi medio*
Enseveli *cum reverentiâ*,
En grand honneur *spectante populo*,
Le corps ci-gît, *in arcto tumulo* :
L'esprit conjoint *choris cælestibus*,
Le monde étoit *meo judicio*
Indigne avoir *Petrum à Cornibus*.

Concava pergratas reddebant Cornua voces,
  Gratus erat sanis auribus ille senux,
Grata illi probitas, generosaque virtus
  Integritas junctâ simplicitate fuit.

De vous pleurer *susis gemitibus*
C'est temps perdu, *non sunt qui nesciant*
Qu'il nous faut tous *naturæ legibus*
Obtempérer, *ecqui refugient ?*
Tant de labeurs, *quos nobis præparant*
Nos ennemis, *jure injuria* :
Hélas ! hélas ! *tam non præcipitant*
Plaisirs mondains, *caro, dæmonia.*

Credere quis valeat quùm disjunguntur aman-
  tes
  Affligit tantùm? mors levis ipsa foret.
Dulcia confracto sileant modulamina Cornu,
  Tristior & tristi prodeat ore sonus.

Vous évitez *mille discrimina*
Par votre mort *ingratum fratribus*,
Tant de labeurs, *mille pericula*,
Que nous voyons *nostris temporibus:*
Hélas! hélas! *Pater à Cornibus*,
Priez pour Dieu *Deum & Angelos*,
Que pour son sang, *clavis*, *vulneribus*,
Nous fasse tous *in fine beatos*.

D'UN USURIER.

CI-gît un homme bien accort
S'il eut enfin trompé la mort,
Aussi-bien que pendant sa vie,
Sous ombre d'une prud'hommie
Il faisoit le dévotieux,
En priant Dieu la larme aux yeux,
Et faisoit paroître à chacun
Que des biens lui étoient tout un:
Et néanmoins en cette Ville
N'y avoit homme plus habile
De donner tous les jours argent
A intérêt de cent pour cent:
Et savoit si bien contrefaire
La signature d'un Notaire,

Que jamais on ne vit décret
Auquel par un subtil secret,
Des premiers colloqué ne fût;
Or, après enfin il mourut,
Et laissa force argent comptant
Entre les mains d'un jeune enfant,
Lequel aimeroit mieux se pendre
Qu'il ne trouve en quoi le dépendre;
Car toujours il dit, aussi bien
Qu'après sa mort il n'aura rien :
Que son père étoit une bête
De se rompre pour lui la tête;
Qu'il gardera bien son enfant
D'en dire un jour de lui autant.
Vous autres, qui par-ci passés,
Et qui tant d'écus amassés,
Priez Dieu pour ces vieux fous,
Afin qu'on prie aussi pour vous.

DU SIEUR DANDO.

CI-gît qu'on appelloit DANDO,
Mon compère Messire Etienne :
Il est céans qui fait dodo;
S'il est bien-aise, qu'il s'y tienne.

D'UN IVROGNE
Nommé GREGOIRE.

Bonnes gens, qui par-ci paſſés,
Priez Dieu pour les Trépaſſés :
Bonnes gens, qui paſſez par ici,
Priez pour ce pauvre homme-ci :
Qui par-ci paſſés, bonnes gens,
A prier ſoyez diligens
Pour le pauvre frère GREGOIRE,
Qui ne mourut que de trop boire.

DE BLONDEAU,
Savetier.

Ci-deſſous gît en ce tombeau,
Un Savetier nommé BLONDEAU,
En ſon vivant rien n'amaſſa,
Et puis après il trépaſſa,
Maris en furent les voiſins,
Car il enſeignoit les bons vins.

AUTRE.

PErnot tête vuide
Ci-gît bon Catholique,
Et Jaquette sa femme ;
Dieu veuille avoir leur ame :
Aussi Didier leur fils,
Dieu leur doint Paradis.

D'UN NOMMÉ BOITEUX.

CLaude Boiteux, cheminant droit,
Gît à présent en cet endroit ;
Boiteux par tout il fut nommé ;
Des grands & petits renommé,
De se marier n'eut envie :
Quatre-vingt-huit ans fut sa vie.

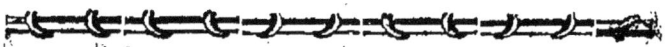

DE VALLE.

He ut *VALLA* filet, folitus qui parcere nulli eft :
Si quæris quid agat, nunc quoque mordet humum.

D'UNE LINGÈRE.

Cet Epitaphe se voit à Agde dans le Cimétière des Innocens.

BOnnes gens, faites à Dieu prière
Pour la fille d'une Lingère,
Qui par ses habits montre comme
Son père étoit un Gentilhomme :
Femme elle étoit d'un Savetier,
Qui depuis se fit Officier :
Qui fut cause foudainement
Qu'elle changea d'accouftrement,
Et se fit Damoifelle étrange
Environ le temps de vendange,
Afin de marcher, ce dit-on,
Première à la Proceffion.

Après, elle fut à la Cour:
Et quand elle fut de retour,
Elle mourut fort pauvrement
La veille de Carêm'entrant,
L'an mil trois cens, sans rien rabattre,
Avec sept vingts soixante-quatre.

D'UN HOMME

Qui mourut si-tôt que ses revenus lui manquèrent.

CI-gît un vrai gaule-bon-temps
Qui a pris tous les passe-temps
De la gueule & de la brayette,
Des jeux de cartes & de renette;
Or, il est mort tout justement,
Car s'il eut vécu seulement
Jusqu'au soir ou au lendemain,
Aussi-bien fut-il mort de faim.
Si les pauvres vont droit aux Cieux,
Je pense qu'il est bienheureux;
Car il étoit léger d'argent.
Priez Dieu pour son sauvement.

D'UN FRÈRE CONVERS.

Cet Epitaphe se trouve gravé à l'entrée du Cloître des Maturins à Paris.

CI-gît le léal Mathurin,
Sur tous autres bon serviteur,
Qui garda céans pain & vin,
Et fut des portes Gouverneur.
Panier ou hotte par honneur
Au marché volontiers portoit ;
Fort diligent & bon sonneur.
Dieu, pardon à l'ame lui soit.

DE PARCUVIUS,
Ancien Poëte.

ADolescens tametsi properas, hoc te saxum rogat
Ut se aspicias, deindè quod scriptum est, legas.
Hîc sunt Poëtæ Parcuvii, Marci sita
Ossa, hoc volebam nescius ne esses. Vale.

DE PLAUTE.

Postquàm est morte captus Plautus,
Comœdia luget, Scena est deserta,
Deindè risus, ludus, jocùsque & numeri
Innumeri simul omnes collacrymarunt.

DU SIEUR FATEAU.

Ci-gît le Prévôt FATEAU,
Qui fut un vrai fol natureau,
Et qui battit très-bien sa femme;
Si priez tous Dieu pour son ame.

AUTRE.

Ci-gît le Prévôt FATEAU,
Qui fut un vrai fol dans sa peau,
Qui ne fit jamais que mentir,
Sans rougir, sans se repentir,

DU MÊME.

Ci-gît le Prévôt FATEAU,
Lequel fut un larronneau,
Grand trompeur & plein de vice,
Sage en quittant son Office;
Car lors, s'il ne l'eut vendu,
Il eut empêché Justice,
En danger d'être pendu.

D'UN NORMAND.

Me Domini servum genuit Normania
    fœlix,
Quamdudùm vivam, servus ero Domini:
Non Græcus genitus sum, sed Normanus ego
    sum,
Quamdudùm vivam Neustrius usque forem,
In cujus doni gratiam, ei dicetur Ave.

EPITAPHE

EPITAPHE
Fait avant la mort d'une personne.

Ici gira, s'il n'est pendu,
Ou si en la mer il ne tombe,
Monsieur qui a dressé sa tombe,
Avant qu'être mort étendu.

D'UN FOURBE.

CI-dessous gît Monsieur CANON,
C'est douleur de sa départie,
Pour ce qu'il eut été fort bon
Pour une Chambre mi-partie.

DE PLOTON.

CI-gît noble Jacques PLOTON,
Qui en sa vie n'eut médecine,
Sinon du bon vin de Gylon,
Le meilleur qui fût en sa vigne,

D'UN CHANTRE,

Par Thomas Morus, Chancelier d'Angleterre.

Hic jacet Henricus veræ pietatis amicus,
Nomen Abingdon erat, si quis sua nomina quærat.
Semper & in bella cantor fuit ipse capella,
Præter & hæc ista fuit optimus orgàque nista:
Nunc igitur, Christe, quoniam tibi serviis iste,
Semper in orbe coli des sibi regna poli.

D'UN IVROGNE,

Par un Musicien.

La, mi, la, mi, la.

D'UN HOMME

Qui se fâchoit contre la Mort.

CI-gît Jean Dabbota Damoysel, qui mourut le Mercredi avant la Saint Martin, mil trois cens trente-cinq.

O Mors quàm dura, & quàm tristia sunt
    tua jura ?
Si mors non esset, quàm lætus quilibet esset :
Præterit iste dies, nascitur, origo secundi
Aut labor, aut requies, sit transit gloria
    mundi.

DE TIMON

MISANTHROPE.

PEndant ma misérable vie,
J'ai eu tout malheur en ce monde.
N'ayez de me connoître envie,
Lecteur, le diable te confonde.

DE GUILLAUME
LE CHATELAIN.

CI-gît le Châtelain Guillaume,
Qui savoit ses Pars & ses Pseaumes,
Et des Loix étoit le plus sage,
Il tint les quatre Bailliages.
Tretous l'un après l'autre,
Si en dites vos Patenôtres.

D'UN JOUEUR
De Quilles & de Cartes.

CI-gît maître Antoine la Molle,
De son vivant prêt à tout faire;
Il avoit quilles, & courteboule,
Et des cartes plus de vingt paires :
Prions Dieu qu'il le mette au rôle
Des Bienheureux en Paradis.
En mémoire du temps jadis.

DU SIEUR DEPARTY.

CI-gît Guillaume Departy,
Qui d'un Duc étoit Secrétaire;
Il est de ce monde party,
Sans savoir qu'il y venoit faire.

D'UN SERGENT.

SOus ce tombeau gît un Sergent,
Qui de la Justice fut un bon Agent;
En son vivant il fit tant de captures,
Qu'il enrage d'être captif dans cette sépulture.

AUTRE.

ANtoine de Saumur nâquit 1529,
Des biens de ce monde il acquit,
En ce bas territoire 30 ans il vêquit,
A nature il paya l'acquit 1559.

AUTRE.

Hic sepultus jaceo. Quare ? Nescio, nec si scis aut nescis, curo : si vales, bene est : vivens valui, fortasse nunc valeo, si aut non, dicere neque.

ÉPITAPHE ÉNIGMATIQUE,

Qui est à Lincourt près de Lyon.

Ci-gît le fils, ci-gît la mère,
Ci-gît la fille avec le père,
Ci-gît la sœur, ci-gît le frère,
Ci-gît la femme & le mari,
Et ne font que trois corps ici.

D'ÉRASME.

Hic jacet Erasmus, qui quondam bonus
 erat mus,
Rodere qui solitus roditur à vermibus.

D'UN IVROGNE.

Hic jacet Amphora vini.

DE MONSIEUR
BIRON.

Biron repose ici, qui fut l'honneur des armes;
Ne t'informe, paſſant, quel deſtin l'a défait:
Mais jettant par pitié des ſoupirs & des larmes,
Di que deſſus la terre il n'eſt rien de parfait.

DU MÊME.

Ci-gît ce grand Biron, dont l'extrême vaillance
De nos fiers ennemis a ſurmonté l'effort;
Je te dirois, paſſant, la cauſe de ſa mort,
Mais l'honneur des François m'ordonne le silence.

D'UN POETE SATYRIQUE.

CI-gît le Poëte Satyrique,
Qui l'art d'Amour sut pratiquer ;
Dames, gardez qu'il ne vous pique,
Ou qu'il ne vous fasse piquer.

D'UN BROUILLON.

JE naquis un Brouillon, j'ai vécu en brouillant,
Et voulant tout brouiller, on mit fin à ma vie :
Mon esprit se contente aux enfers en brûlant,
Puisqu'il sait que ma mort a causé bouillerie.

DE ALEXANDRO MAGNO.

Sufficit huic tumulus, cui non suffecerat orbis,
Res brevis huic ampla est, cui fuit ampla brevis.

PIÈCES
PLAISANTES.

SONNNET.

Votre tête ressemble au marmouzet d'un cistre,
Vos yeux au point d'un dez, vos doigts un chalumeau,
Votre teint diapré, les serres d'un ormeau ;
Votre peau, le revers d'un antique regiftre.

Votre gorge pendante, un bisac d'un Bélitre ;
Votre vieil embonpoint, à celui d'un rameau ;
Votre longue encolure, à celle d'un Chameau ;
Votre bras, à du plomb qui soutient une vitre.

Vous passez soixante ans, faux-fourreau de haut-bois ;

Vous avez vû régner neuf Papes & cinq Rois,
Et vous êtes encore vêtue à la moderne.

Trouſſez votre paquet, vieille, c'eſt trop vécu:
On vous fera ſervir à Paris de lanterne,
Si vous pouvez ſouffrir un flambeau dans le cul.

SONNET.

MAgot, en vous peignant, je vous pince ſans rire,
Aſſurez-vous la grace, à ce coup c'eſt de bon,
Je veux vous crayonner ſur la peau d'un jambon,
Et faire mon pinceau de l'argot d'un Satyre.

Je vous fais les ſourcils de godron de navire,
L'œil de coque-moule, & les dents de charbon,
Le front de merlue cuite, la barbe d'un chardon,
La bouche d'une éponge & les joues de cire.

L'oreille de la peau d'une chauve-souris;
L'éclat de votre teint de crote de Paris;
Et puis je veux vous mettre en taille-douce & fine,

Au bout d'un grand bâton, ainsi qu'un papegay,
Et que chaque passant, le premier jour de Mai,
Salisse d'un crachat votre chienne de mine.

STANCES.

IL n'est rien si puissant que l'amour & la mort,
La mort détruit les corps, l'amour détruit les ames.
Mais encore l'Amour me semble le plus fort:
Car la vie & la mort reposent sous ses flammes.
Amour comme il lui plaît nous fait vivre & mourir,
Ses rigueurs font mourir, ses douceurs font revivre,
La mort ayant blessé, ne nous peut plus guérir,

Et l'amant pour mourir d'amour ne se délivre;
 Jusques dans les enfers amour nous va suivant,
La mort tant seulement nous suit jusqu'à la tombe,
Au pouvoir de l'amour l'on retombe souvent,
Au pouvoir de la mort jamais on ne retombe.
 La mort dont le pouvoir s'amortit dans les cieux,
Contre des cœurs de terre exerce sa puissance,
L'Amour va triomphant des hommes & des Dieux,
Et prend force du Ciel, dont il prend sa naissance.
 Le malheur de la mort, fin de tous nos malheurs,
Noie au fleuve d'oubli nos pénibles pensées:
L'amour, commencement de toutes nos douleurs,
Nourrit le souvenir de nos peines passées.
 Si la mort nous ayant au tombeau renfermés,
D'un bandeau ténébreux nous sille les paupières,
L'amour, aveugle enfant, nous tient si bien charmés,

Qu'il prive la raison de toutes ses lumières.
Amour, fils de Venus; Mort, fille du Destin,
Seules Divinités que mon ame révère,
Hélas! je vous invoque & réclame sans fin:
Mais l'une m'est trop douce, & l'autre trop sévère.

STANCES.

AVoir le cœur tout plein de flamme,
Et faire les yeux doux aux Dames,
Cela se peut facilement :
Mais de pouvoir en sa vieillesse
Jouir d'une belle maîtresse,
Cela ne se peut nullement.

Avoir quatre chaussons de laine
Et trois casaquins de futaine,
Cela se peut facilement :
Mais de danser une bourrée
Sur une femme bien parée,
Cela ne se peut nullement.

Dire par tout qu'il est habile,
Reprenant Homère & Virgile,
Cela se peut facilement :
Mais bien qu'il soit d'avis contraire,

De croire qu'il puiſſe mieux faire,
Cela ne ſe peut nullement.

Etre contraint en ſa parole,
Avoir dans ſes os la vérole,
Cela ſe peut facilement :
Mais bien qu'il ſoit hors de Surie,
Que cette garde ſoit guérie,
Cela ne ſe peut nullement.

Vanter en tous endroits ſa race,
Plus que celle des Rois de Thrace,
Cela ne ſe peut facilement :
Mais que pour les armes d'hermine,
Il ait beaucoup meilleure mine,
Cela ne ſe peut nullement.

L'Eſpagnol en François traduire,
Pour faire ſa vertu reluire,
Cela ſe peut facilement :
Mais bien que ſon eſprit travaille,
De faire pourtant rien qui vaille,
Cela ne ſe peut nullement.

Être ſix ans à faire un Ode,
Et faire des Loix à ſa mode,
Cela ſe peut facilement :
Mais de nous charmer les oreilles
Par ſes merveilles des merveilles,
Cela ne ſe peut nullement.

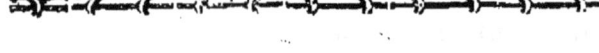

ÉPIGRAMME

Sur Mr. Clément, célèbre Accoucheur, qui a gagné de gros biens.

Quas bona pars hominum muliebri condit in antro,
Ex illo CLEMENS eruit unus opes.

ÉPIGRAMME

Sur un habile Prédicateur qui ne vivoit pas régulièrement.

Il prêche, & parlant en Chrétien,
Il croit annoncer l'Evangile,
Il enfle un myſtérieux rien :
On l'écoute, on aime ſon ſtile ;
On s'empreſſe, on court après lui ;
A l'entendre on n'a point d'ennui :
Sur-tout on voit prompts à le ſuivre

Nos Esprits fins & délicats;
Mais nous apprend-il à bien vivre?
Oh non, car il ne le sait pas.

INCLINATION NATURELLE

Qu'ont les hommes pour la volupté.

Chacun la voit, la chérit, la révère,
Tant soit subtil le Philosophe austère,
Soudain par elle est pris au trébuchet.
L'enfant naissant aussi-tôt la connoît.
Venus, Amour ne font un pas sans elle.
Volupté fait étouffer le saint zèle
Du Confesseur & du dévot Béat,
En loup glouton convertir le Prélat,
En verd-galant transformer l'homme prude,
Sot rendre sage, & civil l'homme rude.
De volupté sont miracles fréquens,
A jeunes gens elle avance les ans,
A mainte Agnès l'esprit elle dérouille,
Forme à bons tours & cervelle débrouille
A maint Nicaise (ce soit dit en passant)
D'homme de Dieu sait faire un bon vivant.

PLAISANTES.

Par volupté fut mis amour en tête
Du Roi David, du Seigneur le Prophète
Son fils, des Rois illuſtre original,
Par volupté devint mari banal :
Trop bien connut le bon Roi, que ſageſſe
Rien lui valoit ſans le fruit de lieſſe.

SUR NOTRE PENTE
AU MAL.

DEpuis la fatale chûte
D'Eve & de ſon époux Adam,
Nous ſentons à notre dam
Qu'au mal nous ſommes en bute.
La malice au faux regard,
La fureur à l'œil hagard,
Remords & douleurs amères,
Haine ceinte de vipères,
Triſtes fruits de leurs ébats,
Régnent chez nous ici bas :
L'homme de l'homme l'ouvrage,
N'a reçu d'autre héritage ;
Et cependant, ô malheur !
O triſte effet de l'erreur !
On voit même dans l'enfance,

Convoitant l'éternité,
L'adolescent invité
De faire à sa ressemblance....
Ma foi, tout homme en est là.
Parlez, tant qu'il vous plaira,
Raison, sagesse, morale,
La souillure originale
Met la sagesse à *quia*.

ERREUR ET VOLUPTÉ

Que l'homme contracte en naissant.

SAns deux démons, erreur & volupté,
Depuis qu'Adam par Satan fut tenté,
La chose est sûre, homme ne sauroit naître;
Et faut penser que l'a voulu permettre
Dieu qui voit tout, pour notre orgueil punir,
Qu'est d'engendrer le soucieux desir.
Honteuse erreur, qui deux sexes assemble;
Si mariage être vie me semble,
J'y suis trompé, c'est mort en tous ses cas.
Issir, de-là je vois maint embarras:
A femme faut sa pitance ordinaire,

De jour, de nuit humecter le lampas;
Certes, ne sçais plus épineuse affaire
Que d'être époux. Si toujours ne sont gras,
Votre moitié, qui n'aime vie austère,
Appellera Cocuage au secours:
Et n'est le tout d'être en la confrairie;
Autres soucis vous poindront tous les jours;
Enfans mettront votre esprit à rebours.
Alors adieu repos & bonne vie.

RONDEAU.

ENtre deux draps, sans nul apprentissage,
Tout badinant se fait galant ouvrage;
Esprit n'y faut, ni savoir de grand prix.
Sans peines & soins Princes y sont bâtis,
Papes, Savans, Dames de beau corsage.
Si, besogne est d'un excellent usage,
Le vieux Adam l'apprit en paradis,
Maint aujourd'hui noble chevance a pris
  Entre deux draps.

 A œil qui craint le diable en mariage,
Donner lui veux avis prudent & sage:
L'œuvre galant tient homme & femme unis,

Femme, sans l'œuvre, est vrai diable en ménage;
Ange l'aurez, ouvrant debout, assis,
Entre deux draps.

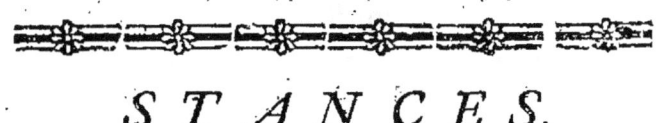

STANCES.

Pauvres maris, consolez-vous,
Si vos femmes font rage,
Rongez vos freins & filez doux;
Armez-vous de courage :
Priez, soyez en oraison
Pour les délivrer du démon.

Le diable, pour mieux affliger
L'homme de Dieu l'image,
Comme un traître va se nicher
A certains bas étage.
Quand Lucifer s'est placé-là,
Dites : *Domine*, *libera*.

Cet étage est.... l'on m'entend
Sans autre commentaire.
Bile noire, détour fréquent,
Artifice, mystère,
Infidélité, trahison
Y sont les agens du démon.

Satan & la femme ont toujours
Quelque subtile affaire :
Tous deux ont l'esprit à rebours,
Cœur faux, ame légère :
Tous deux se disputent sans fin
A qui sera le plus malin.

De femme le malin Satan
Emprunte la figure ;
Plus d'une fois on s'y méprend,
Adroite est l'imposture.
Puis il se montre tour à tour
Femme de nuit, diable le jour.

On recherche chez les Savans
S'il est diable femelle :
Mal-à-propos, ces bonnes gens
S'épuisent la cervelle.
Qui d'entre vous, leur dira-t-on,
N'épousa féminin démon ?

Socrate, les anciens l'ont dit
Fut régi par un diable.
Quel diable ? le malin esprit ?
Une femme intraitable ;
Méchante femme à la maison
Est plus diable que le démon.

Si la femme n'a du pain cuit
Toujours bonne fournée,
Mariage est état maudit,
Epoux ame damnée.
Mais hélas! Satan nuit & jour
Se tient à la gueule du four.

Le pauvre homme enfourne son pain
Et le cuit à sa perte;
Car Satan dangereux & fin
Tient toujours porte ouverte.
La femme tempête, maudit;
L'époux jure, le diable rit.

EPIGRAMME.

Quand Jean si rempli d'amitié,
Dit que sa femme est sa moitié,
Je trouve qu'il a bonne grace;
Car si dès qu'il est endormi,
Un autre succède en sa place,
Elle n'est à lui qu'à demi.

SONNET.

Toi, qui meurs avant que de naître,
Assemblage confus de l'Etre & du néant,
   Triste Avorton, informe enfant,
   Rebus du néant & de l'être.

   Toi, que l'amour fit par un crime,
Et que l'honneur défait par un crime à son
      tour,
   Funeste ouvrage de l'amour,
   De l'honneur funeste victime.

Donne fin aux remords par qui tu t'es
      vengé :
Et du fond du néant, où je t'ai replongé,
N'entretient point l'horreur dont ma faute
      est suivie.

Deux tyrans opposés ont décidé ton sort :
L'Amour malgré l'honneur t'a fait donner
      la vie ;
L'honneur malgré l'amour te fait donner la
      mort.

LE TEMPLE
DE LA MORT.

Sous ces climats glacés où le flambeau du monde,
Epand avec regret sa lumière féconde,
Dans une isle déserte est un valon affreux,
Qui n'eut jamais du ciel un regard amoureux.
Là sur de vieux cyprés dépouillés de verdure
Nichent tous les oiseaux de malheureux augure :
La terre pour toute herbe y produit des poisons,
Et l'hiver y tient lieu de toutes les saisons.
Tous les champs d'alentour ne sont que cimetières,
Mille sources de sang y font mille rivières,
Qui traînant des corps morts & de vieux ossemens,
Au lieu de murmurer font des gémissemens.
Au creux de ce valon, dès l'enfance du monde,
Est un Temple fameux d'une figure ronde :
Quatre portes de fer en quatre endroits divers,

Par l'ordre des Destins partagent l'univers :
L'une est vers le couchant, & l'autre vers
  l'aurore,
L'une voit le Sarmate, & l'autre voit le
  More,
Et là viennent en foule, & sous d'égales loix
Les jeunes & les vieux, les peuples & les
  rois.
La vieillesse, la fièvre, & les douleurs mor-
  telles
Sont de ces huis sacrés les portières fidelles :
Leurs habits sont de deuil, & cet obscur
  manoir
A ses funestes murs entourés de drap noir,
Où des flambeaux de poix les lumières funè-
  bres
Par leurs noires vapeurs augmentent les té-
  nèbres :
Un monstre sans raison, aussi bien que sans
  yeux,
Est la Divinité qu'on adore en ces lieux.
On l'appelle la mort, & son cruel empire
S'étend dessus les jours de tout ce qui respire;
L'objet le plus charmant que voient les mor-
  tels,
Venoit d'être immolé sur ces fameux autels ;
La place d'alentour étoit toute sanglante,

Et rougissoit encor du meurtre d'Amaranthe,
Alors que Lizidor, dont le funeste amour
Est connu de tous ceux qui connoissent le
 jour,
L'ame de désespoir & de fureur atteinte,
Dans ce Temple sacré proféra cette plainte:
Puissante Déité, qui portes dans tes mains
Ce vieux sceptre rouillé craint de tous les
 humains,
De qui l'aveuglement ne respecte personne,
Et n'épargna jamais ni sceptre ni couronne;
Toi, qui regnes par tout, & dont tous les
 mortels
Doivent ensanglanter les mains & les autels:
Toi, qui par une loi de tout âge suivie,
Dois donner le trépas à qui reçoit la vie,
Ne ferme point l'oreille, écoute ce discours:
Je ne viens pas ici pour prolonger mes jours,
Mes vœux sont de mourir, de cacher sous la
 terre
Une ame à qui les Cieux ont déclaré la guerre,
De dépouiller ce corps de la clarté du jour,
Et ne retenir rien, si ce n'est mon amour.
Unique reconfort des douleurs incurables,
Par où sont à couvert les esprits misérables,
Déesse, qui conduis aux infernales eaux,
Frappe, je tends le sein à tes sacrés couteaux;

Ne prive pas mon cœur d'un espoir légitime,
Et ne refuse pas le coup à ta victime.
Les autres oubliant qu'on les a fait mortels,
Se font traîner par force aux pieds de tes autels.
Ce murmure confus, & ce confus carnage,
De corps si différens de rang, de sexe, d'âge,
Ce fer fumant de sang que l'on vient d'épancher,
Ces têtes & ces bras épars sur ce bucher,
Ces flancs que le temps ne voit point amorties,
Ces pleurs mêlées aux cris des mourantes hosties,
Tout ce tragique apprêt les fait déja souffrir ;
Ils se laissent ôter ce qu'ils devroient offrir,
Et faisant à regret ce que le Ciel demande,
Leur lâcheté noircit leur gloire & leur offrande.
Leur maintien devant toi n'a rien que d'indécent,
La peur pour un trépas leur en fait craindre cent.
Le feū perd dans leur sein l'honneur de son office,
Le Prêtre fait un meurtre au lieu d'un sacrifice,

Et profane ses mains en rompant les accords
Que la nature a mis entre l'ame & le corps.
De moi, que ton saint bras s'arme contre ma tête,
Qu'il fasse dessus elle éclater sa tempête,
J'ai bien assez de cœur pour ne reculer pas,
Et voir tomber le coup qui porte le trépas.
Mes yeux seront sans pleurs, & ma bouche sans plainte,
Mon corps sans tremblement, & mon ame sans crainte :
Ne crois pas que le temps qui tarit tous les pleurs,
Cet heureux médecin de toutes les douleurs,
Lui, de qui tant d'amans ont senti le reméde,
En apporte jamais au mal qui me posséde.
En vain tout l'univers le voudroit secourir,
Toi seul as dans tes mains ce qui le peut guérir;
Et pour te faire voir comme il est incurable,
Apprends ce que mon sort a de plus déplorable.
Entre un nombre infini d'adorables beautés
Qu'enfanta dans ces murs la Reine des Cités,
Paris dont l'univers ne voit point de pareille,

Chacun sçait qu'Amaranthe étoit une merveille :
La gloire de brûler aux flammes de ses yeux
Contentoit les desirs des plus ambitieux,
Et ses fers captivans les ames des plus braves ;
Faisoient autant de Rois comme ils faisoient d'esclaves.
Amour de qui les feux m'ont été si cuisans,
Me fit voir cette belle en ses plus jeunes ans.
Sa main mal-assurée, & ses regards timides
Firent sur moi l'essai de leurs traits homicides.
Ce fut devant mon cœur qu'elle apprit à tirer ;
Mon cœur fut le premier qu'elle fit soupirer,
Et mes yeux arrosant ses belles mains de larmes,
Payèrent les premiers le tribut à ses charmes;
Mais comme le premier entre tous les mortels,
Je lui rendis des vœux & bâtis des Autels.
Aussi de tant d'amans épris de cette gloire,
Amaranthe me crut digne de sa victoire,
Ma conquête lui plût, & mon cœur enflammé
Ne l'aima pas long-temps, sans qu'il en fut aimé;

Sa glace se fondit aux ardeurs de ma flamme:
Son ame compatit au milieu de mon ame,
Son cœur de ses soupirs honora mes douleurs,
Ses beaux yeux pour des pleurs me donnè-
  rent des pleurs,
Sa voix me consola dans mes plus fortes
  gênes,
Et sa divine main vint soutenir mes chaînes:
J'étois l'unique objet de ses affections,
Ma tristesse & ma joie étoient ses passions:
Ma crainte dans son ame excitoit mille crain-
  tes,
Et mes moindres douleurs faisoient naître ses
  plaintes.
Deux cœurs ne respiroient que les mêmes
  desirs,
Et deux cœurs ne poussoient que les mêmes
  soupirs.
 Ici je te permets trop fidelle mémoire
De cacher à mes yeux le comble de ma
  gloire,
Ne me fais point trouver dans ses bras lan-
  guissans,
Ne mets point son beau corps au pouvoir de
  mes sens;
Que toutes ses faveurs passent pour des
  mensonges,

Et tant d'heureuses nuits me soient autant
  de songes.
Dérobe à mon penser ces précieux trésors,
Qui me firent aimer son esprit & son corps;
Donne à ta... de beautés une ame inexora-
  ble,
Fais la moi sans pitié, si tu m'es pitoyable,
Et pour rendre aujourd'hui mon mal moins
  rigoureux,
Forme la moins aimable, ou me rend moins
  heureux.
Mais j'ai beau me flatter pour soulager ma
  peine,
Elle fut toujours belle, & jamais inhumaine,
Son ame fut d'accord avecque mes desirs,
Et je soupirai peu qu'au milieu des plaisirs;
De tant de passions dont nous sommes la
  proie,
J'ignorois presque tout, hors l'amour & la
  joie:
Le Ciel ne voyoit rien de plus heureux que
  moi,
Et je goûtois un bien aussi pur que ma foi.
Las! il fut aussi pur, mais non pas si du-
  rable,
Et ma félicité fut un songe agréable:
Sa beauté fut pareille à celle d'un éclair,

Qui dans l'obscure nuit brille au milieu de
l'air;
Son jour rit à nos yeux, mais il porte la
foudre
Qui frappe, qui terrasse, & qui réduit en
poudre,
Et nous sert bien souvent de funeste flam-
beau,
Pour mener nos esprits vers la nuit du tom-
beau.
J'étois dans les transports des premières dé-
lices;
Dont amour couronna mes fidèles services,
Lorsqu'une ardente fièvre assaillit la beauté
Qui dedans ses liens tenoit ma liberté.
Il n'est rien ici bas qui ne soit périssable,
Les plus fermes rochers sont assis sur le sable,
Les trônes & les rois sont rongés par les vers,
Et deux points sont l'appui de ce grand uni-
vers,
Tout fléchit sous les loix des fières destinées,
Tout paie le tribut au tyran des années,
Et nos pères ont vu son bras audacieux
Renverser leurs Autels, & foudroyer leurs
Dieux.
Amaranthe languit d'une fatale atteinte;
Sa constance à son mal veut dérober la
plainte, Et,

Et, comme dans un fort, se retire en son
 cœur,
Mais il s'en rend le maître, & le traite en
 vainqueur :
La fièvre en ce beau corps orgueilleuse &
 hautaine
Sur des ruisseaux de sang serpente & se pro-
 mène,
Et, le feu dans la main, menace du tombeau
Tout ce que la nature a de riche & de beau.
Elle efface les fleurs sur son visage écloses,
Y fait jauner les lys, y fait pâlir les roses,
Et ravit à son teint cet éclat nompareil
Qui ne devoit périr qu'avecque le Soleil.
Ses yeux dont les rayons illuminoient mon
 ame,
Ne jettent plus de traits, ne jettent plus de
 flamme ;
Ces beaux astres n'ont plus leur mouvement
 si prompt,
Et la seule douleur règne dessus son front ;
De moment en moment sa peine devient
 pire.
Son ame la ressent, sa bouche la soupire ;
Elle, pour qui l'on vit soupirer tant d'amans,
Soupire à cette fois sous l'effort des tour-
 mens,

Q

Et par de tristes cris qu'interrompent ses
plaintes,
Etonne mon amour & réveille mes craintes;
J'accuse de mon sort & la terre & les Cieux,
Et je rends criminels les hommes & les
Dieux ;
Je deviens furieux & contraire à moi-même ;
Mon cœur forme des vœux, & ma bouche
blasphême :
J'implore son secours, & blesse leur bonté,
Et mets le sacrilége avec la piété :
Ce qui plus me travaille en ma triste aven=
ture,
Est qu'il me faut cacher le tourment que
j'endure :
Je voile mes ennuis, je dévore mes pleurs,
J'interdis ma parole à mes justes douleurs,
Je fais mentir mes sens, ma voix & mon vi=
sage,
Je feins d'avoir du calme au milieu de l'orage,
J'ai l'espoir dans la bouche & l'effroi dans
le sein,
Et plus que demi-mort, je contrefais le sain.
Mais qui peut long-temps feindre aux
yeux de son amante ?
Qui peut voir d'un œil sec sa Maîtresse mou=
rante ?

Quand ma raison m'eut dit qu'un ouvrage
si beau
Devoit dans peu de jours enrichir un tombeau,
Amour me fit bien prendre un autre personnage :
Je change de couleur, je change de langage,
Et tous mes sentimens révoltés contre moi,
Témoignèrent ma crainte, & trahirent leur
foi.
Cette belle malade interprète mes larmes,
Explique mes soupirs, juge de mes alarmes,
Elle lit sur mon front son lamentable sort,
Et voit dedans mes yeux les signes de sa
mort.
Ce n'est pas son tourment, mais le mien qui
l'outrage ;
Son mal, & non le mien, étonne mon courage,
Nous ressentons tous deux ce que nous
n'avons pas :
Elle plaint ma douleur, & je crains son trépas.
Pour les maux étrangers nos ames sont passibles :
Et nos propres malheurs nous trouvent insensibles :
La fièvre cependant se rit de nos douleurs ;

S'accroît par nos soupirs, s'enflamme par nos pleurs,
Et son ardeur fait voir que toute son envie
Est de borner le cours d'une si belle vie.
Amaranthe voyant qu'un sort injurieux
Alloit bientôt fermer & sa bouche & ses yeux,
Me tendit en pleurant sa belle main tremblante,
L'a mit dedans la mienne, & d'une voix mourante,
Exprima dans ses mots sa vivante amitié ?
Mais hélas ! ses soupirs en dirent la moitié.
 C'en est fait, à ce coup la vigueur me délaisse,
Je vais perdre la vie, & tu perds ta maîtresse;
Je meurs, mais je meurs tienne, & la sévère loi,
Qui peut tout sur mes jours, ne peut rien sur ma foi,
Et ton beau nom, qui fut mon tourment & ma gloire,
Malgré l'onde du sort, passera l'onde noire;
Ah, mon cher Lizidor ! que je puis bien nier
Que l'espoir soit en nous ce qui meurt le dernier,

Puisque pour mon supplice, il est vrai qu'en mon ame
Je n'ai plus d'espérance, & j'ai beaucoup de flamme ;
Je n'espère plus rien, mais hélas, j'aime encor !
Je renonce à la vie, & non à Lizidor.
Ma force diminue, & mon desir augmente ;
Ma lumière est éteinte, & mon ardeur vivante,
Je ne la quitte pas même en quittant le jour,
Et perdant mon amant, je garde mon amour.
Le soupir qui poussa cette belle parole,
Comme un globe enflammé vers les astres s'envole.
Amaranthe sans voix, sans poulx, sans mouvement,
Tombe dedans les bras de son fidèle amant ;
Qui ne pouvant mourir auprès de cette belle,
Fit voir qu'on ne meurt pas d'une douleur mortelle.
Déesse, qui connois l'excès de mes malheurs,
N'épargne point mon sang, mais épargne mes pleurs,
Et permets que j'abrége un discours si funeste,

Mon extrême douleur te dit assez le reste:
Tu vois par ce récit qui dépeint mes amours,
Si mon tourment a tort d'implorer ton secours ;
Si je puis vivre encor sans me noircir de crimes,
Et si mes tristes vœux ne sont pas légitimes.
Vien mon unique espoir, tu vas en tant de lieux,
Où ton nom est l'effroi des jeunes & des vieux,
Approche, que ta main en meurtres si féconde
Fasse un coup aujourd'hui qui m'ôte de ce monde ;
Lance un trait dessus moi ; je ne demande pas
Un de ceux dont les rois reçoivent le trépas,
Le moindre suffira pour détacher mon ame,
Et couper de mes jours la malheureuse trame :
Mais c'est trop de prier, & c'est trop discourir,
Essayons si sans toi nous pourrons bien mourir.

✳

LES FRUITS
DU MARIAGE,
CONTE EN PROSE
IMITÉ DE RABELAIS.

AU temps jadis, ou quelques siècles, luſtres, années, mois, ſemaines, jours & minutes, après que Dieu eut tiré du cahos l'Univers, & de rien formé nature; le Créateur courroucé contre forfaits & mauvaiſes mœurs des hommes, ſoit réſolu les punir très-griévement. Chroniqueurs & Hiſtoriographes ne diſent ſi cetui fait arriva en après ou avant le déluge, & ſi lors y eut Eclipſe, ou Comète, ou Monſtre, ou tel autre préſage funeſte; ni en quel an de période julianne ou du monde, ou de combien distant de la première Olimpiade. Toujours est notoire qu'alors Dieu, pour hommes châtier, voulut iceux abandonner à tout mauvais sens. Mauvais sens & éloignement de droite raison ; droite raison est contraire à orgueil & erreur : or ainsi droite raison n'est fille du péché originel ; car péché originel n'engendra raison. Ains au contraire passions, désirs sans règles, volonté outre mesure. Alors un petit Diable nommé Amour, joli, riant, enfantin, badin, tabourin, pleureux & malin paillard, vint ici bas, ne sais d'où issu, ses grands jours tenir & besognes apporter à tout être ayant vie. L'homme sur-tout eut sa bonne part, & voir se trouva partagé de moitié, quart & un huit plusque autres animaux ; puis fut promené par icelui petit Diable d'Amour en tout mauvais sens & déréglement: or ceci est selon l'opinion de Naturalistes, qui disent homme plus amoureux & lascif, que tous animaux volatiles, reptiles, quadrupedes & poissons. Un autre Diable s'en vint aussi-tôt inquiet, hâtif, non patient, étourdi & fretillant, nommé Desir. Celui-ci à l'autre de bon vouloir s'attacha, & point ne voulut s'en départir; ci que Amour ne marcha plus sans Desir. D'iceux n'acquirent en bref peuplades & colonies de Diables, qui tout gâterent & enlaidirent, hommes rendant dès-alors, comme font encore aujourd'hui & feront jusqu'à la fin des siècles, *Amen*. Paillards, Ribaux, surprenant simples par fallaces, n'allant en besoigne rondement, prenant pucelages, femmes engrossant, cocufiant bons maris, rendant épouses coquettes. Ainsi qu'est écrit, chose nouvelle n'est sous le Soleil ; car croire ne faut que soyons plus mauvais que nos Progéniteurs & Aïeuls Pères; c'est de le croire folie de Poëtes, visions de Philosophes, & songes de gens jejunes; car iceux sont dangereux fanatiques, d'autant que difficile chose est que bons & sereins restent les esprits, étant le corps en inaction. Or revenons à nos moutons, nos Diables bientôt prirent humaine figure, ou soi logèrent en homme, comme voudrez mieux. Maints alors aimèrent lucre, & furent Diables de Marchands. Autres furent diables de Libraires, & rognèrent les ongles aux Auteurs. Maints se firent diables d'Eglise, & furent diables de Pasteurs par subordination. Autres furent diables de Médecins, & guérirent de tous maux, sans compter le reste. Autres diables d'Avocats, & n'y perdirent leur proufit. Autres diables de Dévots, & firent saintement par tours & détours plus de besogne que de bruit. Autres diables de libertins, & firent plus de bruit que de besogne. Autres logèrent en Couvent, & là sous cape riant mirent à mal honnêtes gens, iceux venoient tôt, gras, gros, frais, drus, & me sembla que fredonnoient tous en leurs étuits, calamités & misères sur le genre humain. Aucuns entre eux me parurent ambigus & d'esprit, ayant obstructions de vérité, pour ce que bien fort se plaisoient à retenir mentalement pour aviser à ce que voient bon & profitable. Autres furent Princes & Grands, si gouvernoient diablement le monde, & avoient toujours une barrière de flatteurs qui empêchoient la vérité de parvenir jusqu'à eux. Diables furent mariés, & ne garantissoient cornes, à suer d'ahan auprès leurs femmes. Aucuns furent diables Philosophes. Aucuns diables de Cour. Diables de guerre, où le plus fort eft le plus jufte. Diables en intrigues. Diables en procès & vilanie. Diables vieillards, fins & routinés au poffible. Diables enfans apprenant malice, & icelle pratiquant par imitation. Diables critiques, que rien ne trouvoient à leur gré. Diables riches qui tiennent leur mérite dans la poche. Ainfi fe trouva le monde féduit par des légions de Diables iffus d'amour & de defir. Or avint un jour que le grand Diable affigna tous les Diabletaux, pour voir fi par eux étoit bonne befogne faite. Iceux rendant compte, préfentèrent leurs Regiftres en rôle de parchemin, tenant en longueur que treize mille neuf cens quatre-vingt-dix-neuf aulnes & trois quarts. Le grand Diable en rit de joie, & voire à gorge déployée : vertu non des Saints, fadaife, n'eft-ce dit-il, le monde eft nôtre, & ne faut songer à n'avoir jamais moisson plus petite. A donc répartit un Diable lay, à mariage faut, de par les Diables, aiguillonner tous les hommes. A quoi répondit éloquentement un Diable d'Eglise ayant grand nez & le reste, homme frère, mariage ni duit ; car trop bien ont Diables d'Eglise nombre d'enfans hors de mariage : icelui fut interrompu par un Diable Médecin, lequel déclara hipocratiquement mariage n'y être utile, d'autant que très-souvent si fait par coutume mortification de parties & extinction de volupté, non sans obstruction de génitale vertu ès vases spermatiques ; si que de vigueur plus n'y a, d'où s'ensuivent cornes, bruit en ménage, &c. *Vide* Mollervin *de Cornutis*. Alors bien à point survint à tous ces discours un Diable de Cour, tout fringottant, poudré & parfumé jusqu'au fesses. Icelui ayant le pied dextre en l'air, déclara moyen d'actre diablerie n'être plus grand ni vertu meilleure, qu'une bénédiction matrimoniale sur personnes conjoints inégalement, savoir, est d'humeur, d'âge, de bien, de qualité, d'esprit, de volontés tout contraires. Ainsi seront force cocus, bâtards, & aurez nobles moissons par chacun an. Pour ce, Monseigneur, ferez publier à son de trompe, que mariages soient tels de tous points, & vous trouverez que très-bien en tous temps peuplé sera votre Enfer de diables, diabletcaux, diablotins, diabletesses & diabletines. Ménages seront pleins de noises cent fois par jour, maris se donneront au Diable, foi n'auront femmes, ne loyauté envers leurs époux, enfans parmi les débats croîtront en malice. A ce battirent des mains tous les Diables

Un chacun d'eux y trouva son compte. Mariages furent, pour être damnables à bon escient toujours faits inégalement ; ainsi allèrent à tous les Diables gens mariés, comme Larrons au gibet, Moine à l'Office, & Prêtre à l'Offrande.

ŒUVRES

ŒUVRES
DE MONSIEUR LA CHAPELLE.

LETTRE

De Monsieur la Chapelle à Monsieur Moreau, écrite de Saint Lazare à l'âge de vingt ans.

JE ne vous ferai point ici la description de la maison de Saint Lazare où je suis, puisque je vous la vais faire en vers; je me contenterai seulement de vous dire, pour vous exciter à compassion, que je suis dans un lieu où on me donne tout ce qui m'est inutile, & rien de ce qui m'est nécessaire. J'ai un bénitier,

& je n'ai point de pot de chambre auprès de mon lit. J'ai un prie-Dieu, & je n'ai point de chaise ni de table dans ma chambre. J'ai un surplis, & je n'ai point de chemise. J'ai un bonnet pour le jour, & je n'en ai point de nuit. J'ai une soutane, & je n'ai point de robe de chambre. J'ai des Pantoufles, & je n'ai point de souliers. A table, j'ai des serviettes, des assiettes, des couteaux, des cuillers, & je n'ai rien à manger. Enfin, Monsieur, dans les conversations je n'ai que des gens qui m'importunent, & je n'en ai point qui me divertissent ; car tous leurs entretiens ne sont que des invectives contre les vicieuses coutumes du siècle, & de s'emporter particulierement contre ceux qui, au lieu de dire, je me recommande à vos bonnes graces, disent, quand ils se quittent, je suis votre serviteur.

STANCES.

Toi, qui nous fais voir la sagesse
Jointe avec la vivacité ;
Toi, qui ravis la liberté
Aux Dames par ta gentillesse,
Comme aux hommes par ta bonté ;

Moreau, le pauvre solitaire,
Qui, sans ta consolation,
Seroit mort dans la mission,
En ce peu de mots te va faire,
Une triste description.

Dans une froide plaine assise
Est une chétive maison,
Où jamais ne fut un tison,
Et qui ne peut parer la bize,
Que par quelque foible cloison.

Ceux qui ce logement bâtirent,
Desirant se mortifier,
Et n'y faire rien que prier,
Une grande Eglise ils y firent,
Et pas une cave ou grenier.

Je puis dire que rien ne fume
Jamais en ce funeste lieu,
Et qu'on n'y voit jamais de feu,
Que quand aux Vêpres on allume
L'encensoir pour honorer Dieu.

Là, de pauvres gens pâles, blêmes,
Secs, tout meurtris & décharnés
Par les coups qu'ils se sont donnés,

Difent qu'affurément eux-mêmes,
Et tous les autres font damnés.

Nuit & jour ils font en prières,
Tant ils ont crainte de l'enfer,
Et pour mieux furmonter la chair,
Se donnent cent coups d'étriviéres,
Ce qui s'appelle en triompher.

Ce lieu où fans fonner fonnette,
Perfonne n'entre ni n'en fort,
Eft le lieu d'où moins vif que mort,
Je t'écris, que cette retraite
Commence à me déplaire fort.

Mais afin qu'on ne puiffe dire,
Que pour peu de difficultés,
Mes femblables font rebutés,
Mon deffein eft de te décrire
Mes moindres incommodités.

Ma chambre ou plutôt une armoire,
Que l'on a fait pour me ferrer,
D'abord qu'on me l'a vint montrer,
Me fit rire, & j'eus peine à croire
Que j'y puffe jamais entrer.

Dans ce lieu, moins chambre que cage,
Un Aquillon froid & mutin

Me fait trembler soir & matin;
Car pour me parer de sa rage,
Mon plus gros mur est de sapin.

Apprends maintenant la structure
De nos misérables grabats ;
Deux ais servent de matelats,
Un tapis vert de couverture,
Et deux serviettes de deux draps.

Dès que j'abaisse les paupieres,
Sur mes yeux du sommeil battus,
Un clauſtral *Benedicamus*
M'éveille & m'envoie aux prières,
Qui durent trois heures & plus.

Le dîner, ou plutôt dînette,
Que ſans déjeuner on attend,
N'eſt rien qu'un petit plat, moins grand
Que la plus petite palette,
Dont on uſe à tirer du ſang.

A ce plat on proportionne
Un peu de vache & de brebis;
Si peu même qu'une fourmi
N'auroit pas, à ce qu'on nous donne,
De quoi se ſouler à demi.

Le vin grossier, rouge, insipide
Ne peut qu'avec peine couler,
Et je ne saurois avaler
Ce vilain cotignac liquide,
Sans avoir peur de m'étrangler.

Ce petit dîner, je t'assure,
Nous tient demi-heure pourtant;
Mais ne t'en étonne pas tant,
C'est que *Benedicite* dure
Un quart d'heure, & Graces autant.

Après-dîner, c'est l'ordinaire,
Pour aider la digestion
Il y a récréation,
Où l'on emploie une heure entière,
En quelque conversation.

Ces conversations Chrétiennes,
Vraiment dignes de ces Oisons,
Sont par mille sottes raisons,
De me prouver que les Antiennes,
Valent mieux que les Oraisons.

Que tous les jours ma faim soit grande,
Mon dîner te le fait juger,
Cependant pour ne point charger

Mon eſtomac de trop de viande,
Mon ſouper n'eſt pas moins léger.

   Enfin, Moreau, quoique j'en diſe,
J'en dis bien moins qu'il n'y en a;
Mais il faut finir, car voilà
L'heure qui m'appelle à l'Egliſe,
Où les autres chantent déjà.

SUR UNE ÉCLIPSE
DE SOLEIL.
STANCES.

Quel moyen de s'en diſpenſer?
J'allois tout de bon commencer
A vous compoſer ſur l'Eclipſe
Un livre plus gros & plus long
Qu'un des tomes de Juſte-Lipſe,
Tout rempli d'un ſavoir profond,
En beau ſtyle d'Apocalypſe:

Quand Pallas, la ſage pucelle,
Qui m'aime de bonne amitié,
S'apparut à moi toute telle
Qu'elle eſt au ciel dans ſa ruelle;

Sur l'eſtrade & tapis de pié :
Et quoi ! pauvre innocent, dit-elle,
Vraiment tu me fais grand'pitié
D'aller perdre ainſi la cervelle,
Rêvant à cette bagatelle
Plus qu'il ne faut de la moitié.

Surpriſe des impertinences
Que l'on débite en ces bas lieu,
J'y viens faire des remontrances
A ces fous qui, ſans connoiſſances,
Raiſonnent comme il plaît à Dieu,
Gâtent mes plus belles Sciences.
Et pour l'Eclipſe à quoi tu penſes,
Je te vais faire voir en peu
Que ces forgeurs d'extravagances
Tirent cent fauſſes conſéquences
D'une choſe qui n'eſt qu'un jeu.

Sache que ce jour-là mon Père
Fit à déjeûner ſi grand'chère,
Et trouva ſi bon le nectar,
Que Môme, le Dieu des ſornettes,
Le voyant être un peu gaillard,
Et dans ſes humeurs de goguettes,
Lui propoſa que les Planettes
Jouaſſent à Colin-Maillard.

A Colin-Maillard, dit le Maître
Du Char brillant & lumineux,
Si par malheur je l'allois être,
Tous les hommes font si peureux,
Qu'ils se croiroient morts, quand mes feux
Commenceroient à disparoître.
Chacun fermeroit sa fenêtre.
Et (*) Morin, le plus foux d'entre eux,
En prédiroit quelque bissêtre.

Quoi! tu veux conclure par-là,
Répond le grand Dieu qui foudroie,
Qu'un fat pourra troubler ma joie!
Que m'importe, s'il en fera
Des contes de ma mère l'oie;
Je jure Styx, dont l'eau tournoie
Dans le pays de Tartara,
Qu'à Colin-Maillard on jouera.
Sus, qu'on tire au sort & qu'on voie
Qui de vous autres le fera.

Le bon Soleil l'avoit bien dit,
Il le fut suivant son présage:

(*) Jean-Baptiste Morin, *célèbre Mathématicien fort entêté de l'Astrologie judiciaire. Voyez son Article dans le Dictionnaire de Bayle.*

Toute la compagnie en rit,
Et fans différer davantage,
Auffi-tôt la Lune s'offrit
A lui bien couvrir le vifage ;
Ce que volontiers on fouffrit,
Attendu l'étroit parantage.

Le refte vous l'avez pû voir,
Chacun pût lors s'appercevoir
Que l'on ne voyoit prefque goute ;
Et fans la Lune qui fans doute
Ne fit pas trop bien fon devoir,
Le Soleil faifoit banqueroute,
Le matin devenoit le foir,
Vous étiez tous au défefpoir,
Croyant la nature en déroute ;
Et pas un n'eut pût concevoir
Que nous autres là haut fur la célefte voûte
Ne faifions que crier : *Gare le pot au noir.*

ODE A CARRÉ.

LA belle & galante manière
Dont vous mettez Vers en lumière,
Nous fait bien voir, Monfieur Carré,

Que lorsque vous serez Curé,
Vous direz peu votre Bréviaire.

Bien plutôt aurez soin & cure,
Quand vous serez à votre Cure,
D'avoir toujours force poulets,
Et de vin savoureux & frais
Très-suffisante fourniture.

Aussi ne verra-t-on chez vous
Hipocrites ni loups-garous,
Torcols à grimassante mine,
Ni cagots de telle farine,
Mais bien des gens faits comme nous.

Maintenant, quand au panégire
Que sans rougir je n'ai sû lire,
Fort vraiment vous m'obligerez,
Si lorsque vous nous récrirez,
Il vous plaît de n'en pas tant dire.

Hé quoi! Là-dedans mon éloge
Dure plus d'une heure d'horloge,
Et pas un ne voit le pourquoi;
Car je ne suis Prince ni Roi,
Et vertu nulle en moi ne loge.

Ce n'est pas que si grande lettre
Ne m'obligeât bien à vous mettre

Un tel & beau remerciment ;
Mais écrivons fans compliment,
Puifque nous écrivons en maître.

Vous faurez donc qu'ici la pefte
Et la guerre encore plus funefte,
A ravi la moitié des gens.
Je ne fais fi les Allemands
Voudront bien épargner le refte.

Le Nord nous a rendu vifite,
Suivi d'un nombreux exercite
De Lorrains, Croates & Goths ;
Le tout pour nous mettre en repos,
Ainfi que gazette débite.

Cependant ils ne laiffent pas
De charger leurs chevaux de bats
De mainte belle & bonne harde ;
Et tout ce qu'aux champs on hazarde
Eft le butin de leurs foldats.

Toutes ces troupes étrangeres
Font qu'on ne fe promene gueres :
Hélas ! comment le pourroit-on,
Puifque Chaillot & Charenton
Sont à préfent places frontieres.

Je suis renfermé dans la Ville,
En grand chagrin, sans croix ni pile ;
Nous buvons mal, & qui pis est,
Boirons long-temps mal, s'il ne plaît
Aux gens d'Armes de faire gille.

Car à Melun une grande chaîne
Qui tient la pauvre Seine en gêne,
Empêchant nos fameux voisins
D'amener ici leurs bons vins,
Nous réduit à ceux de Surêne.

Encore en avons-nous bien peu ;
Car sur ma foi ce n'est pas jeu
D'en entreprendre la voiture,
Et qui le fait sans aventure
En doit belle chandelle à Dieu.

LETTRE

Ecrite de la campagne à Mr. de Moliere.

Votre lettre m'a touché très-sensiblement ; & dans l'impossibilité d'aller à Paris de cinq ou six jours, je vous souhaite de tout mon cœur en repos & dans ce pays.

J'y contribuerois de tout mon possible à faire passer votre chagrin, & je vous ferois assurément connoître que vous avez en moi une personne qui tâchera toujours à le dissiper, ou pour le moins à le partager. Ce qui fait que je vous souhaite encore davantage ici, c'est que dans cette douce révolution de l'année, après le plus terrible hiver que la France ait depuis long-temps senti, les beaux jours se goûtent mieux que jamais, & sont tout autrement beaux à la campagne qu'à la Ville, ou quand vous les avez, il vous manque toujours des endroits pour en prendre tout le plaisir. Je me promene depuis le matin jusques au soir avec tant de satisfaction & de contentement d'esprit, que je ne saurois croire m'en pouvoir lasser. En vérité, mon très-cher ami, sans vous je ne songerois gueres à Paris de long-temps, & je ne me pourrois résoudre à la retraite, que lorsque le Soleil fera la sienne. Toutes les beautés de la campagne ne vont faire que croître & embellir, sur tout celles du verd, qui nous donnera des feuilles au premier jour, & que nous commençons à trouver à redire depuis que le chaud se fait sentir. Ce ne sera pas néanmoins encore si-tôt ; & pour ce voyage, il faudra se contenter de celui qui tapisse la terre, & qui pour vous le dire un peu plus noblement :

 Jeune & foible rampe par bas
Dans le fond des prés, & n'a pas
Encore la vigueur & la force
De pénétrer la tendre écorce
Du saule qui lui tend les bras.

 La branche amoureuse & fleurie,
Pleurant pour ses naissans appas,
Toute en séve & larmes l'en prie,
Et jalouse de la prairie
Dans cinq ou six jours se promet
De l'attirer à son sommet.

Vous montrerez ces beaux vers à Mademoiselle Menou seulement ; aussi-bien sont-ils la figure d'elle & de vous. Pour les autres, vous verrez bien qu'il est à propos, sur-tout, que vos femmes ne les voient pas, & parce qu'ils contiennent, & parce qu'ils sont, aussi-bien que les premiers, tous des plus méchans. Je les ai faits pour répondre à cet endroit de votre lettre, où vous me particularisé le déplaisir que vous donnent les partialités de vos trois grandes Actrices, pour la distribution de vos rôles. Il faut être à Paris pour en résoudre ensemble; & tâchant de faire réussir l'application de vos rôles à leur caractère, remédier à ce démêlé qui vous donne tant de peine. En vérité, grand homme, vous avez besoin de toute votre tête, en conduisant les leurs, & je vous compare à Jupiter pendant la guerre de Troye. La comparaison n'est pas odieuse, & la fantaisie me prit de la suivre, quand elle me vint. Qu'il vous souvienne donc de l'embarras où ce Maître des Dieux se trouva pendant cette guerre, sur les différens intérêts de la troupe céleste, pour réduire les trois Déesses à ses volontés.

Si nous en voulons croire Homere,
Ce fut la plus terrible affaire
Qu'eut jamais le grand Jupiter;
Pour mettre fin à cette guerre,
Il fut obligé de quitter
Le soin du reste de la terre.

Car Pallas, bien que la Déésse
Du bon sens & de la sagesse,
Courant par tout le guilledou,
Avec son casque & son hibou,
Passa pour folle dans la Gréce;

Et

Et lui qui l'aime avec tendresse,
Pensa devenir aussi fou.

 Sa Junon, la grave Matrône,
Sa compagne au céleste trône,
Devint une Dame Alizon,
En faveur de Lacédémone,
Jurant que le bon (*) Roi grison
En auroit tout le long de l'aune,
Et que tous ceux de sa maison
En seroient un jour à l'aumône.

 Mais de l'autre côté, Cypris
Donna congé pour lors aux Ris,
Aux jeux, aux plaisirs, à la joie;
Et prenant l'intérêt de Troie,
S'arma pour défendre Paris.

 Le bon homme aussi Neptunus
Gagné par sa nièce Venus,
Et Phébus, l'archer infaillible
Devant qui (**) le Fils de Thétis
Ne se trouva pas invincible,
Firent tous deux tout leur possible
Pour les murs qu'ils avoient bâtis.

(*) *Priam.*

(**) Achille, *tué par une flèche, décochée par Paris, mais dirigée par Apollon.*

Voilà l'hiftoire, que t'en femble ?
Crois-tu pas qu'un homme avifé
Voit par là qu'il n'eft pas aifé
D'accorder trois femmes enfemble !
Fais-en donc ton profit, fur-tout,
Tien-toi neutre, & tout plein d'Homère,
Di-toi bien qu'en vain l'homme efpère
Pouvoir jamais venir à bout
De ce qu'un grand Dieu n'a fu faire.

A MONSIEUR
LE MARQUIS DE JONSAC.

CHer Marquis, les vers qu'au beau Maine
De l'agréable Pivangou,
Fait couler ton heureufe veine,
Vertu, non de Dieu, mais de chou,
Ne font pas vers à la douzaine.
Quiconque rime ainfi fans peine,
Après avoir bû comme un trou,
Doit avoir au moins pour marraine
Celle (*) qui caufa la migraine,
Dont Jupin crut devenir fou :
Mais encor te faut-il dire où
Nous avons lu l'Epître tienne :

(*) *Minerve.*

Ce fut à la Croix de Lorraine,
Lieu propre à se rompre le cou,
Tant la montée en est vilaine,
Sur-tout quand entre chien & loup
On en sort chantant mirdondaine.
Or là nous étions bien neuvaine
De gens valans tous peu ou prou,
J'entends, pour exprimer mon ou,
Moi, valant peu, car la huitaine
Valoit assurément beaucoup.

   Mais aurois tu pour agréable,
Toi, qui sais ce que nous valons,
Que je t'apprisse aussi les noms
Et les rangs que tenoient à table
Ces neuf modernes Epulons ?

   L'illustre Chevalier qu'*importe*
Etoit vis-à-vis de la porte,
Joignant le Comte de Lignon,
Homme à ne dire jamais non,
Quelque rouge bord qu'on lui porte.

   Après lui, l'Abbé du Broussin,
En chemise montrant son sein,
Remplissoit dignement sa place,
Qui prenoit soin d'un seau de glace,
Où rafraîchissoit notre vin.

Molière, que bien connoissez,
Et qui nous a si bien farcez,
Messieurs les coquets & coquettes,
Le suivoit, & buvoit assez
Pour vers le soir être en goguettes.

Auprès de ce grand personnage
Un heureux hazard avoit mis
Du Toc, d'entre nous le plus sage,
Ravi de voir les beaux esprits
Quitter marais & marécage,
Pour venir dans son voisinage
Boire à l'autre bout de Paris.

Quant à notre illustre & grand Maître,
Le très-philosophe Barreaux,
En ce rencontre il fit paroître
Que les anciens ni les nouveaux
N'ont encore jamais vu naître
Homme qui sut si bien connoître
La nature des bons morceaux.

Le petit Monsieur de la Mothe,
Non (*) celui qui toujours a botte,

(*) François de la Mothe le Vayer, *si connu par ses ouvrages*, a été Précepteur de Philippe, frère unique de Louis XIV. *Voyez le Dictionnaire de* Bayle *au mot* Vayer.

Et d'un grand Prince est Précepteur ;
Mais son frère qui toujours trotte,
Et qui comme il est grand trotteur,
En mille endroits par jour buvotte
De ce bon vin, & de la grotte
Etoit le célèbre inventeur ;
Aussi faisoit-il le neuvième,
Avecque moi qui bien fort l'aime,
Et suis son humble serviteur.

 C'est là donc qu'on lut ta légende,
Que l'on trouva pleine de grande
Gentillesse & facilité ;
Ensuite avec solemnité,
Toute notre bachique banque
But un grand verre à ta santé.

 A cet agréable repas
Petitval ne se trouva pas ;
Et sais-tu bien pourquoi ? C'est parce
Qu'il est toujours avec sa garce,
Et que sans cesse il court après.

 Pour la Planche, attendu l'absence
De tant d'ivrognes d'importance,
Il craignit fort pour le Marais,
Et jugea qu'il falloit exprès
Y demeurer pour sa défense.

Ton cousin, l'aimable Dampierre,
Qui m'a dit s'en allant grand'erre
Qu'il devoit te voir à Jonzac,
M'a promis, cher Marquis, de mettre
Cette longue & méchante lettre
Dans sa valise, ou dans son sac.

Et c'est ce qui m'a fait la faire,
Car elle ne vaut ma foi guère,
Et sans mentir je plaindrois fort
Ce qu'il coûteroit pour le port
De l'envoyer par l'Ordinaire.

CONTRE L'USAGE
DES RIDEAUX.

AUra des Rideaux qui voudra,
Je n'en veux avoir de ma vie,
Mais puisque tout mon quartier a
Si grand desir, & tant d'envie
D'ouir mes raisons, les voilà.

Et commençant par mes voisines,
Je leur dirai premiérement
Qu'au lit le divertissement

Qui se donne entre des courtines,
Tient un peu trop du Sacremenr.

L'aise & les apprêts n'y font rien;
Ce plaisir pour le prendre bien,
Et de la plus belle manière,
Demande un lit comme le mien,
Tout-à-fait à la cavalière.

Pour vous, Messieurs les beaux esprits,
Je vous dirai de plus encore
Que jamais Savant n'en a mis,
Car les Muses aiment l'Aurore,
Les Rideaux sont ses ennemis.

En effet, la troupe immortelle
Des neuf sœurs, témoin ma Clio,
Sur le mont à croupe jumelle
Dorment à l'air, ce qui s'appelle
En leur langage, être *sub dio*.

Aussi pour suivre cette mode
Jamais Auteur n'eut tour de lit,
Et qui plus est, jamais ne mit,
Dans le froid le plus incommode,
Qu'un laurier pour bonnet de nuit.

Sur tout j'admire entre les Dieux
Que ceux d'eau, même des rivières,

De qui les lits font en des lieux
Où les rideaux viendroient des mieux,
N'en aient pourtant jamais guères.

Car hormis les petits ruisseaux
Qui couvrent leurs lits d'arbrisseaux,
Les grands fleuves, comme la Loire,
Le Rhin & la Seine, font gloire
De n'avoir point de tels rideaux.

Et pour le Nil, un chacun sait
Qu'il n'a pas même de chevet,
Au moins jusqu'ici quelque enquête
Qu'on ait su faire de sa tête,
On ne sait où ce Dieu la met.

AU ROI,
Sur son départ.

Es-tu d'accord avec les Cieux
Dans ces mois si capricieux,
Pour qu'ainsi toujours la victoire
Te suive en tout temps, en tous lieux,
Prince à coup sûr victorieux,
Où plutôt ne dois-je pas croire,

Quand je te vois laborieux
Plus qu'aucun dont parle l'hiſtoire,
Qu'entre les Rois tu fais le mieux
A quel prix ont voulu les Dieux
Qu'un Héros achetât la gloire.

En effet, c'eſt toi tous les ans
Qui, devant que le Dieu des vents
Chaſſe la bize & la reſſerre,
Dès l'hiver ouvres le printemps
Par cent mille coups de tonnerre.
C'eſt toi, qui viens de battre aux champs
Pour des faits ſi fiers & ſi grands,
Qu'ils finiront preſque la guerre,
Même avant que les fers tranchans
Du laboureur fendent la terre.

Hélas! que n'ai-je aſſez de voix
Pour faire, autant que je voudrois,
Voir la parfaite reſſemblance
Qu'a cette ardente diligence,
Qui donne l'ame à tes exploits,
Et ton adorable clémence
Qui fait ſi bien goûter les loix;
Avec les vertus qu'autrefois
Fit éclater par excellence
Un (*) Romain pour qui la vengeance

_____

(*) *Jules Céſar.*

De nos vieux ancêtres Gaulois
Sur Rome & sur son insolence,
Fonda cette vaste (*a*) Puissance
Que sût si bien rendre aux François
Et partager avec (*b*) Bysance,
(*c*) Charles que jusqu'à toi la France
A cru le plus grand de nos Rois.

Hé bien, Muses, & toi, Phebus,
Que ne les as-tu donc prévus,
Avec ton trépié, tes oracles,
Ces coups jusqu'à nous inconnus ?
De tous ces vieux faits de bibus
Falloit-il faire des miracles ?
Et les vrais miracles venus,
Demeurer surpris & confus,
Rencontrer par tout des obstacles,
Et confesser n'en pouvoir plus ?

Allez, allez, Sœurs indiscrettes,
Vendre ailleurs vos vieilles fleurettes,
Cherchez ces lourdes nations
Qu'aux abois & presque sujettes,
On charme encor d'illusions ;
Et là de toutes vos sornettes

(*a*) *L'Empire.* (b) *Constantinople.* [c] *Charlemagne.*

Aidé leurs menteuses gazettes
A déguiser nos actions.
Pour celles que mon Prince a faites,
Plus, plus de vos inventions;
Plus de Muses, plus de Poëtes.
Et quel besoin de fictions,
Quand au seul bruit de nos trompettes
Tombent par tout les bastions?

Non, non, pour mettre en sûreté
Dans la foi de l'éternité,
Ces miracles que la mémoire
Consacre à l'immortalité,
Il faudra de nécessité
Qu'une simple & modeste histoire
Rende un compte exact de ta gloire
A toute la postérité.
Encor en sera-t-il douté,
Car, grand Roi, l'on a peine à croire
Ce qui ne peut être imité.

LETTRE

A sa Maîtresse, en lui envoyant un Pâté de Liévre.

Cruelle Princesse, qui fais
Que tous les jours je me retranche

Les long dîners de la Croix-Blanche,
Et les charmans soirs du Marais,
Qu'abſent tu me tourmentes ! mais
J'en aurai bientôt ma revanche.
Sache que déja je me plais
A voir mon cœur gros de regrets
Me reprocher le long obſtacle,
Qu'impitoyablement tu mets
A tous mes ſoins & leurs progrès.

Que n'a pû ſur moi ce ſpectacle
Qui m'a fait cent rivaux tous frais,
Et gens dont à moins d'un miracle
Nous ne nous ſauverons jamais ?
Sache encor qu'un certain oracle
Et des plus ſûrs & des plus vrais,
M'a promis que (*a*) bois & forêts
Vont remettre ſur le pinacle
Ma raiſon & mon ame en paix.
Il eſt vrai qu'il y joint après
Un thériaque ou thériacle,
Qu'on tient l'un des plus grands ſecrets,
Meſdames, contre vos attraits.

Or cet oracle conſulté,
Dont j'ai déja tant profité,

(*a*) *Le divertiſſement de la Chaſſe.*

C'est Manican, belle inhumaine,
Qui terriblement me promene
Contre ton inhumanité,
Jurant qu'ainsi bien agité,
Et bien courant la pretantaine,
Par les buissons & par la plaine,
J'oublierai ta méchanceté.
Tu connoîtras la vérité,
Et combien je suis en haleine
De campagne & de liberté,
Quand le messager de Touraine
Te portera le gros Pâté
Qui m'a, sans mentir, coûté
Bien du tourment & de la peine.
C'est ce qui fera sa bonté,
Car de l'animal tourmenté
Provient la bonté souveraine;
Outre que le drôle encroûté
Avoit la plus grasse bedaine,
Dont nous ayons jamais tâté.

L'adresse au reste en est certaine,
Le tout est bien étiqueté,
Et c'est de bonne volonté,
Que pour m'aider contre ta haine,
Un Marquis plein d'honnêteté,
Prétend qu'il te soit présenté.

Pour cette Saint Martin prochaine,
Ou bien de coups quelque douzaine
Payera la témérité
De quiconque l'aura porté,
Si dans la fin de la semaine
Ton reçu ne nous est cotté.

Faites-en donc bien bonne chere;
Sur tout qu'il vous serve d'essai;
Et s'il a le bien de vous plaire,
Ayez là-dessus le cœur gai,
Vous n'en manquerez ma foi guere,
Puisqu'outre la chasse ordinaire,
Notre cher ami le Boulai,
Que vous savez & que je sai
Etre votre humble tributaire,
Aura de quoi vous satisfaire
En pâtés, & pas plus méchans;
Car il y a quatre bonnes filles,
C'est en mots assez approchans,
Quatre levrettes fort gentilles,
Qui battent fort souvent aux champs;
Et devant qui les meilleurs drilles
Des liévres & les mieux marchans
Ont peine à sauver leurs guenilles;
Et se tirer d'entre leurs dents.
Tout me manque jusqu'au bon sens:

Adieu, cachez bien ces vetilles,
Ou les montrez à peu de gens.

A MESSIEURS
DE NANTOUILLET
ET DE SERCELLES.

A Vous, les deux que je chéris
De l'amitié dont (a) Toxaris
Veut qu'on s'aime en son dialogue,
A vous, non à d'autres j'écris ;
Et sache quiconque à mépris
Tient, qu'on l'exclue, & m'épilogue,
Qu'en vos deux grands noms sont compris
Tous ceux qu'en son premier prologue,
Maître (b) François a si bien mis.

Or, je vous écris pour vous dire,
Après un humble grand merci
D'avoir bien voulu nous écrire,
Que nous ne faisons rien ici
Que dormir, manger, boire & rire,
Bien disputer, mieux contredire,

(a) *C'est le nom d'un Dialogue que* Lucien *a composé sur l'Amitié.* (b) Rabelais.

Jouer gros argent, & qu'ainsi
Sans à vos procès en rien nuire,
Que votre substitut Plessi
N'a garde de laisser détruire ;
Vous devez, sans mais & sans si,
Nous rejoindre au plutôt, gros Sire.
Sur-tout n'ayez aucun souci
De n'y trouver pas de quoi frire,
Vous verrez cuisine reluire,
Et briller office farci
De cent bouteilles de Tessi,
Et de tout ce qu'a su produire
Provence, & de meilleur élire,
Pour régaler un Prince, si
Capable de la bien conduire.
L'huile entr'autres a réussi,
Si bien qu'on s'en sert à tout cuire ;
Croyez-nous bien fourni aussi
Des mets de ce bon pays-ci,
Et de tout ce que Rouen tire
Du chaud climat & du transi.

Et vous, Cartésiens fameux,
Sur ce comète tant affreux,
Mandez-nous ce qu'eût fait Descartes ;
De peur que son choc désastreux
Ne mit tout notre monde en deux,

N'eut-il

N'eut-il point eu les fièvres quartes ?
Qu'en pense le monde peureux ?
Est-ce aux buveurs, vuideurs de quartes,
Au nez rouges & lumineux,
Ou plutôt aux beaux doucereux,
Bien perruqués, mangeurs de tartes,
Qu'en veut cet astre aux longs cheveux?
Qu'en dit Morin le songe creux ?
L'envoie-t-il brouiller les cartes
Chez les Sarmates ? Est-ce entr'eux
Et les fiers descendans des Parthes,
Qu'il doit laisser tomber ses feux?

 Moi, qui sais qu'il ne mord ni rue
Non plus que fortune, ou destin,
Je ne vous en parle qu'afin
De mieux savoir de vous l'issue
Du dîner, où sans retenue
Picard (*a*) vous aura dans le vin
Dit la vérité toute nue.
Contez-nous donc votre festin,
Si du Parnasse astronomin
La troupe en parut fort émue :
Le grand (*b*) Huges, & le (*c*) Cassin

(*a*) *Fameux Mathématicien.*
(*b*) *Monsieur Huygens.*
(*c*) *Monsieur Cassini.*

T,

Ont-ils sué soir & matin
A lunetter malgré la nue
Dans tout l'Olympe cryſtallin ?
Sa hauteur au juſte ont-ils ſue ?
Ont-ils pû depuis sa venue
Suivre ſa marche & son chemin ?

Vous aurez vu l'ami Turlin,
Que bien de bon cœur je ſalue;
Pour le voir, le bon (*a*) Rondelin,
Point n'eſt beſoin de longue vue,
Si l'avez vu, lui qui n'eſt grue,
Ni teleſcopier (*b*) grimelin,
Vous en aura dit tout le fin.
Mais adieu, trop rimer me tue.

(*a*) Rondelin. *Mot burleſque & fait à plaiſir pour ſignifier un homme fort gros.*

(*b*) Teleſcopier. *Qui ſe ſert de lunettes de longue vue.*

Fin des Poéſies diverſes.

TABLE
DES MATIÈRES.

A.

ANACREON, inimitable en parlant contre la crainte de la mort. 16. Eloge qu'en fait Valere Maxime, 49.

ARCHIMEDE, 111.

ARETIN devient bigot sur la fin de sa vie, 82.

ART DE PENSER, cité, 122.

ATTICUS, (Pomponius) son caractère, 40. comment il mourut, 41.

AUGUSTE, caractère de cet Empereur, 56, 57. Ses plaisanteries en mourant, 58. Pourquoi il fit acheter le lit d'un homme endetté, 124.

B.

BACON (François) son testament ridicule, 127.

BALTHAZAR BONIFACIUS, son *Historia Ludicra*, 3.

BAYLE (Pierre) la manière dont il mourut,

31, 32. Jugement sur sa manière d'écrire, 33.

BELLAI (le Cardinal du) protecteur de Rabelais, 59.

BERNOULLI, ce qu'il fit mettre sur son tombeau, 111.

BOLEYN (Anne de) femme de Henri VIII, Roi d'Angleterre; son caractère & sa mort, 73.

BOSSUET, Evêque de Meaux; ce que M. Patru lui répondit, lorsqu'il l'exhortoit à se convertir dans son lit de mort, 92.

BOURDELOT, (l'Abbé) son caractère, 99, 100, 101. Ses dernières paroles, 102.

BRANTOME; passage de cet Auteur touchant la mort de Mademoiselle de Limeuil, 69, 70.

BRUTUS & CASSIUS, loués pour s'être tués, 106.

BRUYERE, [LA] cité, 63.

BUCHANAN, son éloge & quelques particularités de sa vie, 83. La manière dont il mourut, 84.

C.

CALIGULA, Empereur de Rome, pourquoi il faisoit durer le supplice d'un Comédien qu'il voyoit fouetter, 10.

CARDAN (Jérôme) son caractère, 36. La manière dont il mourut, 37.

CATON D'UTIQUE, la manière dont il quitta la vie blâmée, 15.

CATULLE; Epigramme de ce Poëte, 17. Traduction de cette Epigramme, *ibid*. Réflexion de Muret sur ce sujet, 18.

CECILIUS; hymne de ce Poëte citée, *ibid*.

CICERON est inconsolable pour la mort de sa fille, 8. Cité, 46.

COMÉDIEN qui avoit la voix harmonieuse lorsqu'on le fouettoit, 10.

CONDITION; pourquoi personne n'est content de sa condition, 7. Le mêlange de bien & de mal rend toutes les conditions égales, *ibid*. Pourquoi la condition d'autrui paroît plus agréable que la nôtre, 8.

COURTISANES qui ont parues avec éclat dans le monde, 109.

CRŒSUS, renvoyé à sa dernière heure pour juger de son bonheur, 23.

D.

DARIUS I; Roi de Perse, inscription singulière qu'il voulut qu'on gravât sur son tombeau, 110.

DEMOCRITE; caractère de ce Philosophe, 38, 39. Comment il mourut, 40.

DIAGORAS; conseil que lui donna un Lacédémonien, lorsque ses trois fils furent couronnés aux jeux Olympiques, 45. Il meurt de joie, 46.

DIOGENE LAERCE; il y a beaucoup de mensonges dans ses vies des Philosophes, 38.

DOLET (Etienne) conserve sa belle humeur après avoir été condamné à la mort, 114.

E.

ELISIUS CALENTIUS, Poëte de Naples, son caractère, 104. Epitaphe qu'il se composa lui-même, *ibid*.

ELISABETH, Reine d'Angleterre, son éloge, 71. Comment elle mourut, 72.

ENCOLPE DE PETRONE; manière dont il vouloit périr dans une tempête, 19, 20.

EPICURE, loué, 95, 96.

EVRÉMOND; (Saint) estime qu'il faisoit de Madame Mazarin, 74, 75. Lettre qu'il lui écrivit pour la détourner du dessein de se retirer dans un Couvent, 76. La manière dont il mourut, 77.

F.

FEMMES ; histoire de quelques femmes qui sont mortes en plaisantant. 67 & suiv. Les femmes préfèrent la beauté à l'esprit, 71.

FONTENELLE, loué, 2. Son jugement sur la mort de Caton d'Utique, 15. Sa traduction des derniers vers de l'Empereur Adrien, 102.

G.

GASSENDI ; (Pierre) son éloge, 95, 96. Ses dernières paroles, 97.

GELAIS ; (Melin de S.) remerciment qu'il fit à son luth, 107.

GRAMMONT ; (le Comte de) son caractère & ses dernières paroles, 90.

H.

HADRIEN ; Vers que cet Empereur composa une heure avant que de mourir, 102, 103.

HENRI VIII, Roi d'Angleterre ; ses dernières paroles, 88, 89.

HEROÏSME ; fausses idées qu'on en a, 24.

HISTOIRE ; ce qui en rend la lecture dangereuse ou peu agréable aux personnes sincères, 53.

HOBBES, (Thomas) son caractère, 97. Epitaphe qu'il se choisit. Ses dernières paroles. Son foible, 98 & *suiv.*

HOMME ; il n'est point né pour être heureux, 5. Défauts de tous les âges de l'homme, 6 & *suiv.* Science la plus utile à l'homme, 28. En quoi les grands hommes différent des autres hommes, 55. Ils ont toujours un peu de folie, 73, 74.

HORACE, cité, 9, 18, 49.

HOULIERES ; (Madame des) Vers contre la raison, 6.

I.

INSCRIPTIONS ; examen de quelques inscriptions singulières, 109 & *suiv.*

L.

LABERIUS, Comédien, cité, 44.

LAÏS, fameuse Courtisane, son caractère, 85. Sa mort, 86. Vers d'Ovide qui y font allusion, *ibid.*

LENCLOS; (Mademoiselle de) quelques particularités de sa vie, 78, 79. Discours que lui tint son père au lit de la mort, *ibid*.

LÉON X, Pape, meurt de joie, 47, 48.

LIMEUIL, Fille d'honneur de Catherine de Médicis, son caractère, 69. Manière dont elle mourut, 70.

LONGOLIUS; particularité de sa mort, 34.

LUDOLPHE DE COLOGNE; ce qu'il fit graver sur tombeau, 111.

M.

MACHIAVEL; son caractère & quelques particularités de sa vie. 80, 81, 82.

MALHERBE; son caractère 60. Sa vie écrite par Racan, 61. Sa délicatesse excessive sur la pureté de la langue, jusqu'au lit de la mort, 62. Il faisoit peu de cas de la Poésie, 63.

MAROT; Epigramme de ce Poëte, 52.

MARSEILLE; breuvage qu'on y préparoit pour ceux qui vouloient mourir, 125.

MARTHE, (Sainte) citée, 34.

MAYNARD; Vers qu'il avoit fait mettre sur la porte de son cabinet, 31.

MAZARIN, (Duchesse de) son histoire; 74. Manière dont elle mourut, 75, 76.

MEDICIS, (Laurent de) protecteur des beaux esprits, 29.

MENAGE; Vers latin en l'honneur de Scarron, 128.

MOLIERE, Vers latins sur sa mort, 129, Son éloge, *ibid.*

MOMUS; sa plaisanterie sur la formation de l'homme, 13.

MONTAIGNE [Michel de] cité, 3, 23. Extrait de quelques pensées de Montaigne, 118 *& suiv.*

MONTMORENCI; [le Duc de] sa fermeté après avoir été condamné à la mort, 117.

MORT, elle est plus à souhaiter qu'à craindre, 5 *& suiv.* Comparée aux animaux sauvages, 14. Idée d'une mort plaisante, 22 *& suiv.* Ce que les Anciens appelloient mourir délicieusement, 28, 29. Quel temps est le plus avantageux pour mourir, 42 *& suiv.* Auteurs qui ont fait un Recueil des personnes mortes de joie, 47. Ce que dit Montaigne des morts plaisantes. 120 *& suiv.* S'il y a de la bravoure à se donner la mort, 122 *& suiv.* En quel cas il est glorieux de se tuer, 124.

Morus, [Thomas] Chancelier d'Angleterre, continue à dire de bons mots après avoir entendu sa condamnation à la mort, 113.

Mothe le Vayer, [la] son dégoût pour la vie, 11.

Muret, [Antoine] réflexion sur une Epigramme de Catulle, 17, 18.

N.

Naudé, (Gabriel) cité, 37.

O.

Othon; (Salvius) histoire de cet Empereur, 64 & *suiv.*

Ovide exilé, préférable à Ovide galant, 10. Vers de ce Poëte, qui font allusion à la mort de Laïs, 86.

P.

Passerat, son éloge, 104, 105. Epitaphe qu'il se fit en mourant, 106.

Patin [Guy] propre à commenter Rabelais, 59.

Patru, son éloge, 91. Ses dernières paroles, 92.

PELISSON, (Paul) sa mort, 93, 94.

PERICLÈS devient superstitieux sur la fin de sa vie, 82.

PETRONE, cité, 20. Réflexion sur sa mort, 26. Son caractère & son éloge, *ibid*. Imitation de quelques-uns de ses Vers, 45. Bon mot de Petrone, 58.

PEUPLE; sa religion est différente de celle des Rois, 86, 87.

PHOCION; ses dernières paroles, 116.

PHRYNÉ, célèbre courtisane, 109.

PIERIUS VALERIANUS; son livre sur le malheur des gens de Lettres, 10, 11.

PINDARE; ce qu'il avoit demandé aux Dieux, 29.

PLINE, cité, 47.

POETES sont les seuls des gens de Lettres qui ont bien parlé de la mort, 15. Leur peu d'utilité selon Malherbe, 62, 63.

POLITIEN, (Ange) son éloge, 29. Manière dont il mourut, 30.

PROPERCE; élégie de ce Poëte que Buchanan récita dans son lit de mort, 84.

PYRRHON; trait de l'indifférence que ce Philosophe avoit pour la mort, 35.

www.ingramcontent.com/pod-product-compliance
Lightning Source LLC
Chambersburg PA
CBHW060413170426
43199CB00013B/2123